病院
高齢者向け住宅
介護福祉施設
融資ハンドブック

担当者のための知識とノウハウ

■

東出経営研究所　**東出 泰雄** ［著］

株式会社 きんざい

はじめに

　中小企業融資が伸び悩んでいるなかで、あらためて病院事業に対する融資がクローズアップされています。病院事業は診療報酬の改定や引下げにより赤字に陥ることもありましたが、業績が不振な病院は徐々に淘汰され、近時は、診療報酬の引上げや経営努力により黒字に転換してきています。また、景気に左右されずに医療の需要はコンスタントであり、診療報酬は統一されているので価格競争が起こらず、安定した事業とみることができます。そして資金ニーズも旺盛で、ひとつは、施設の老朽化による建替え、耐震強化工事、高度医療機器の設置、IT化推進などの設備資金であり、もうひとつは、療養病床の廃止方針に伴う介護療養型老人保健施設への転換資金、あるいは新たな収益機会である高齢者向け住宅等への参入による事業資金です。

　一方、高齢化の進展、要介護者の増加に伴い介護福祉施設や高齢者向け住宅事業も有望な融資マーケットとして期待されます。有料老人ホームやサービス付き高齢者向け住宅、グループホームは社会的必要性も高く、そのマーケットは確実に拡大していくことが見込まれ、しかも民間企業や医療法人等が参入できる事業です。このマーケットの特色は、事業者への融資に限らず、施設を建設し一棟貸しする地主等への融資も発生することです。事業者が初期投資を抑制するために、地主から一棟を賃借して事業を行う形態も多いので、地主への建設資金融資という身近な機会が存在しています。

　これらの事業融資は、一般的な企業融資とは異なる面がありますので、制度や運営の仕組みを理解したうえで定量面・定性面のポイントを検証することが必要です。本書は、筆者の融資経験や介護体験等に基づいて具体的に解説しましたので、融資開拓手引書として、皆さんの参考になれば幸いです。

　　　　　　　　　　　　　　　　　東出経営研究所　代表　**東出　泰雄**

目　　次

第1章　病　院　事　業

- Ⅰ　医療制度の概要··2
  - 1　医療機関の設立主体··2
  - 2　病院と診療所の区分··2
  - 3　医療機関の開設···3
  - 4　病床数や病床の種別の変更··4
  - 5　医療における広告規制···4
  - 6　医療制度の改正の変遷···5
  - 7　病院の機能分化と病床の再編の経過··6
- Ⅱ　医療法人制度の概要··9
  - 1　設　　立···9
  - 2　種　　類···10
  - 3　非営利性··14
  - 4　業　　務···14
  - 5　名称表記··16
  - 6　運営の仕組み··16
  - 7　会　　計···19
  - 8　特別代理人制度···19
- Ⅲ　病院経営の環境···21
  - 1　少子高齢化の影響··21
  - 2　診療報酬の改定の方向···22
  - 3　一般病床の削減···24
  - 4　療養病床の削減···24

5	医師・看護師の不足	25
6	設備投資負担の増加	25

Ⅳ 病院経営の定量分析 26
1 経営分析の参考指標 26
2 経営のポイント・特徴 29
3 経営の定量分析 31

Ⅴ 病院経営の定性分析 35
1 概　　要 35
2 環　　境 36
3 経営管理体制 37
4 人事労務 39
5 危機管理 41
6 病院機能評価の取得状況 42

Ⅵ 経営力強化 44
1 収支の改善 44
2 効率化・品質管理 46
3 組織の強化 47
4 人材確保 47
5 医師の勤務先病院の選択要因 48
6 医師の意識改革 49
7 介護老人保健施設の運営や附帯業務の展開 50
8 コスト管理 51

Ⅶ 資金ニーズへの取組み 54
1 設備資金 54
2 運転資金 55
3 介護老人保健施設の設置資金 56
4 有料老人ホーム、サービス付き高齢者向け住宅事業資金 56

	5	福祉医療機構の補完資金	56
	6	医療機関融資の考え方	57
Ⅷ	医療機関（病院・診療所等）の新規開拓		58
	1	既存医療法人や個人医院先へのアプローチ	58
	2	新規開業先へのアプローチ	60
Ⅸ	医療機関債（病院債）による資金調達		63
	1	医療機関債	63
	2	発行ガイドライン	63
	3	発行形態	64
	4	メリット	64
	5	金融機関の考え方	65
Ⅹ	医療機関の資金ニーズへのアプローチトーク事例		66
	1	新規開拓先の医療機関のケース	66
	2	既存取引先の医療機関のケース	75

第2章　介護保険制度と介護サービス

Ⅰ	介護保険制度		81
	1	背　　景	81
	2	仕 組 み	81
Ⅱ	介護サービス事業の概要		84
	1	介護サービス事業者とは	84
	2	介護保険によるサービスの形態	84
	3	施設サービス	85
	4	居宅（在宅）サービス	85
	5	特定施設サービス	87
	6	福祉施設系サービス	89

	7 地域密着型サービス······90
Ⅲ	介護保険サービスの利用料······93
	1 利用料の基準······93
	2 主な介護サービス費の目安······94
Ⅳ	介護福祉施設・高齢者向け住宅事業のマーケット動向······96
	1 高齢化および要介護者等の状況······96
	2 介護福祉施設・高齢者向け住宅等の状況······97
	3 マーケットの動向······98
Ⅴ	介護福祉等施設事業の融資対象と共通課題······100
	1 金融機関融資の主な対象事業······100
	2 介護サービス事業の共通課題······102

第3章　高齢者向け住宅事業と介護福祉施設

Ⅰ 有料老人ホーム······104
1 有料老人ホームとは······104
2 有料老人ホーム協会とは······105
3 施設・設備等の基準······106
4 開設手続等······106
5 類型と概要······107
6 事業者······109
7 所有・運営形態······110
8 金融機関の融資対象······111
9 事業の目利きポイント······113
10 融資の保全の考え方······118
11 事業収支シミュレーション······119

Ⅱ サービス付き高齢者向け住宅 …………………………………… 132
- 1 サービス付き高齢者向け住宅とは ………………………… 132
- 2 有料老人ホームとの調整 …………………………………… 132
- 3 登録制度 ……………………………………………………… 133
- 4 行政による制度推進施策 …………………………………… 134
- 5 開設手続等 …………………………………………………… 135
- 6 住宅の概要 …………………………………………………… 135
- 7 事 業 者 ……………………………………………………… 137
- 8 住宅の所有・運営形態 ……………………………………… 137
- 9 金融機関の融資対象 ………………………………………… 137
- 10 事業の目利きポイント ……………………………………… 139
- 11 融資の保全の考え方 ………………………………………… 140
- 12 地主の資金ニーズへのアプローチトーク事例 …………… 140

Ⅲ グループホーム（認知症対応型共同生活介護施設） …………… 144
- 1 グループホームとは ………………………………………… 144
- 2 設置・設備等の基準 ………………………………………… 144
- 3 開設手続等 …………………………………………………… 145
- 4 グループホームの概要 ……………………………………… 146
- 5 事 業 者 ……………………………………………………… 147
- 6 施設の所有・運営形態 ……………………………………… 147
- 7 金融機関の融資対象 ………………………………………… 149
- 8 事業の目利きポイント ……………………………………… 151
- 9 融資の保全の考え方 ………………………………………… 154

Ⅳ 介護保険3施設の比較 …………………………………………… 155

Ⅴ 介護老人保健施設（従来型老健） ……………………………… 156
- 1 介護老人保健施設とは ……………………………………… 156
- 2 設置・設備等の基準 ………………………………………… 156

3	開設手続等	157
4	施設の概要	158
5	事　業　者	159
6	施設の所有・運営形態	159
7	金融機関融資の対象	161
8	事業の目利きポイント	163
9	融資の保全の考え方	166
10	定量的分析参考資料	166

Ⅵ　特別養護老人ホーム 169

1	特別養護老人ホームとは	169
2	設置・設備等の基準	170
3	開設手続等	170
4	施設の概要	171
5	事　業　者	172
6	施設の所有・運営形態	172
7	金融機関融資の対象	173
8	事業の目利きポイント	175
9	融資の保全の考え方	177
10	定量的分析参考資料	177

Ⅶ　介護療養型医療施設 179

1	介護療養型医療施設とは	179
2	介護療養病床の方向性	180
3	機能・設置基準等	180
4	入所要件等	180

Ⅷ　社会福祉法人の概要 182

1	制　　　度	182
2	設　　　立	182

3　法人機関………………………………………………………183
　　4　資　　産………………………………………………………183
　　5　税　　務………………………………………………………184
Ⅸ　介護福祉施設・高齢者向け住宅の利用料の比較………………………185

第1章

病院事業

I 医療制度の概要

1 医療機関の設立主体

設立主体として大きくは下記のように分けられますが、金融機関の融資対象医療機関としては、私立の医療法人、個人が主な対象となります。

私立	医療法人（医療法人社団・医療法人財団）、個人、企業
公的	国立、公立（自治体病院）、独立行政法人
公的ではない中間的なもの	日赤、済生会、厚生連、労災、社会保険、厚生年金、国家公務員共済、公益法人（社会福祉法人、学校法人、宗教法人等）

営利企業立による医療機関があるのは、医療提供体制が不十分な時代に社員・家族の福利厚生を目的として設立が認められた経緯があるからですが、量的配備が十分な現在では新設は困難です。

全国の病院の約60％が医療法人立で、診療所は約30％が医療法人立、約60％が個人立となっています。

2 病院と診療所の区分

医療機関では、○○病院、○○診療所、○○クリニック、○○医院等といった名称をよくみかけますが、これは単なる名称の相違ということではなく、「病院」と「診療所」とは明確に区分されています。

病　　　院	診療所（クリニック・医院等）
医師（歯科医師）が医業（歯科医業）を行う場所であって、20人以上の患者を入院させるための施設を有するもの	医師（歯科医師）が医業（歯科医業）を行う場所であって、患者を入院させる施設を有しないものまたは19人以下の患者を入院させるための施設を有するもの
設立主体は医療法人または個人のどちらも存在します（たとえば、個人で入院床数30床の病院の運営あるいは医療法人で入院床数9床の診療所の運営など）。	

　このように、病院と診療所は入院床数で区分されていて、20床数以上は病院、19床数以下は診療所となります。「クリニック」「医院」などと一般的に称している医療機関は診療所に該当するもので、診療所を病院と称することはできません。

3　医療機関の開設

　病院を開設しようとするときは、知事の許可を受けなければなりません。
　一方、診療所を開設しようとするときは、以下の3パターンがあります。
① 　病床を設けずに個人で開設する場合は、開設後10日以内に知事への届出ですみます。
② 　病床を設けずに医療法人で開設する場合は、医療法人の設立に知事の認可が必要となります。
③ 　病床を設けるときは、個人・医療法人の開設を問わず知事の許可を受けなければなりません。
　また、病院の開設および診療所の病床設置については、厚生労働省の定める「基準病床に関する標準」に基づいて都道府県の医療計画（医療提供体制の確保を図るための計画）で策定された基準病床数にすでに達しているとか、超過するときは、知事は許可をしないことができます。したがって、病床が量的に十分配備されている地域では、病床の設置を伴う新設は実質的には不

可能です。

4　病床数や病床の種別の変更

　病院・診療所が病床数や病床の種別（一般病床・療養病床・精神病床等）の変更をする場合は、知事の許可を受けなければなりません。医療機関の自由裁量では変更できません。
　また、病床数の増加もしくは病床の種別の変更を申請しても、都道府県の医療計画（医療提供体制の確保を図るための計画）で策定された基準病床数にすでに達しているとか、超過するときは、知事は許可をしないことができます。したがって、病床が量的に十分配備されている地域では、病床の増床は認められませんし、種別の変更も医療計画との整合性が認められないと、なかなか困難な状況です。

5　医療における広告規制

　医業（歯科医業）または病院もしくは診療所に関しては、方法のいかんを問わず広告できる事項（ポジティブ・リスト）は医療法で制限されています。
　広告可能な事項としては、
① 　名称、診療科名、所在、診療日時、入院設備の有無。
② 　病床の種別、医師・看護師その他の従業者等の員数、施設・設備に関する事項。
③ 　医療を受けるものが医療に関する適切な選択に資するもので、厚生労働大臣が定める事項。
　　ⅰ　医師・看護師その他の医療従事者の氏名・年齢・性別・役職・略歴。
　　ⅱ　提供される医療の内容。
　　ⅲ　患者の平均的な入院日数、平均的な外来患者または入院患者の数等。

6　医療制度の改正の変遷

　戦後の医療制度の変遷について簡単に触れておきます。
・昭和25年　医療法人制度が創設されました。医療は生命、身体の安全に直接かかわるだけに、これらを営利企業に委ねるのは適当ではないとして、医療事業の経営主体を法人化することにより、医業経営の非営利性を損なうことなく医療の安定的普及を図るため、医療法で「医療法人」という法人類型が設立されました。
・昭和39年　特定医療法人が創設されました。
・昭和60年　第一次医療法改正で、一人医師医療法人制度が創設されました。
・平成 4 年　第二次医療法改正で、機能分化として特定機能病院と療養病床群が規定されました。
・平成 9 年　地域医療支援病院が創設されました。
・平成12年　第四次医療法改正で一般病院の病床が一般病床（短期療養）と療養病床（長期療養）に区分され、病床の再編が進められました。
・平成10年　特別医療法人が創設されました（この制度は平成24年 3 月末で廃止されたので、社会医療法人への移行または従来の一般医療法人に戻るかを選択します）。
・平成19年　第五次医療法改正で社会医療法人が創設されました。また、出資持分の定めのない医療法人は「基金拠出型医療法人」を採用することができるようになりました。
　（注）　特定医療法人・社会医療法人・基金拠出型医療法人については、「第 1 章Ⅱ医療法人制度の概要」を参照してください。

7　病院の機能分化と病床の再編の経過

　昭和23年に医療法が制定されましたが、その後、高齢化などにより疾病構造が変化し、慢性疾患、成人病が増加しました。さらに、核家族化と住宅事情などから介護を必要とする長期入院患者が増加しました。一方では医療費は増加の一途をたどり、この抑制も迫られています。病院の機能分化はこうした変化に対応しようとするもので、療養病床は経過的な形態で、最終的には介護施設や高齢者住宅・介護付有料老人ホームも含めたひとつの長期療養の形態に移行していくと考えられます。

(1)　一般病床（短期療養）

　急性期の集中的な医療を行う患者の病床で療養病床以外の病床であり、医療保険が適用されます。

図表1－1　再編の経過図

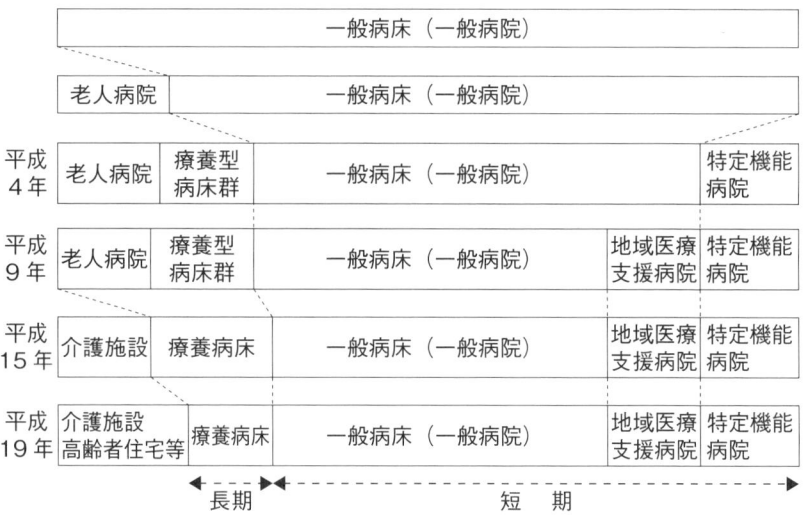

(2) 療養病床群（長期療養）

慢性期の長期療養を中心とする患者の病床で、平成4年の医療法改正で新設され、医療型（医療保険適用）と介護型（介護保険適用）ができました。

かつて65歳以上の高齢者が一定割合入院する病院は「老人病院」と呼ばれていましたが、介護保険成立後は「療養型病床群（現在の療養病床）」に含めて分類されることになりました。

そして、老人病院・療養型病床群・一般病床が再編されて、平成15年までに一般病床と療養病床に区分されました。

いま、この療養病床については大幅な削減方針が示されており、病院の経営に与える影響が懸念される一方、削減の受け皿となる介護福祉施設、有料老人ホーム、サービス付き高齢者向け住宅等の施設整備が必要とされています。病院（医療法人）も医療行為という本来業務のほかに、これら施設の経営を附帯業務として行うことができますので、新たなる事業機会が生まれています。

(3) 一般病院

医療法では正式に定義されていませんが、一般病床を主体にして急性期医療を担う病院をいいます。

(4) 特定機能病院

平成4年の医療法改正で定められた制度で、普通の病気は一般的な医療機関で診ることにして、高度医療の必要な病気は特定機能病院で診るという医療の分業化を行う制度です。病院であって要件に該当するものは、厚生労働大臣の承認を得て、特定機能病院と称することができます。大学病院・国立がんセンター等の82病院が承認されています。

特定機能病院の要件は、

① むずかしい手術や先進的な治療など高度な医療を提供し、高度の医療に関する開発・評価を行う能力を有していること
② 高度の医療に関する研修を行わせる能力を有していること
③ 病床数400床以上で10以上の診療科を有していること
④ 来院患者の紹介率は30％超であること
⑤ 医師・看護師等が一般の2倍程度以上いること
などです。

(5) 地域医療支援病院

平成9年の医療法改正により創設されました。紹介患者に対する医療提供、医療機器の共同利用の実施等を通じて、かかりつけ医等を支援する病院です。地域医療支援病院の名称の承認は知事が行います。

地域医療支援病院の要件は、
① 200以上の病床を有すること
② 医療法で定める人員が配置されていること
③ 他の病院または診療所から紹介された患者に対し、医療を提供していること（紹介率は80％以上であること）
④ 24時間体制で重症救急患者に対応できること
⑤ 高度医療機器の共同利用の実施が可能なこと
⑥ 地域の医療従事者に対する研修の実施
などです。

メリットとしては、ひとつは名称の独占、ひとつは診療報酬の増収で、入院加算・紹介患者加算・診療情報提供料などです。

II 医療法人制度の概要

1 設　立

(1) 基本要件

　病院、医師（歯科医師）が常時勤務する診療所等を開設しようとする社団または財団は、法人とすることができます。この法人を医療法人と称します。

　医療法人の設立にあたっては、定款（社団の場合）または寄付行為（財団の場合）で基本事項を定めて、知事の認可を受けなければなりません。二つ以上の都道府県において病院等を開設する医療法人については、認可権限は厚生労働大臣に移ります。

　そして、定款または寄付行為で定める事項とは、目的、医療法人の名称、病院・診療所等の名称、開設場所、資産・会計に関する規定、役員に関する規定、社員総会（評議員会）等に関する規定、定款（寄付行為）の変更に関する規定、解散に関する規定、広告の方法などです。

　医療法人は登記することにより設立が成立します。

(2) 財産要件

① 　病院を開設する場合は、自己資本比率20％以上を有することが要件です（原則として、開設後もこの比率は継続することが求められています）。

　　（注）　自己資本比率＝（財産の総額－負債の総額）÷財産の総額

② 診療所のみ開設する場合は、自己資本比率の要件はありません。
③ 財産の種類には、基本財産(不動産、運営基金等の重要な資産)と通常財産(基本財産以外の資産)があります。

2 種　類

(1) 医療法人社団と医療法人財団

医療法人の種類には医療法人社団と医療法人財団がありますが、社団の割合が高く、財団はわずかです。

医療法人社団 (出資持分の定めのある社団)	医療法人財団
通常、複数の人が出資(現金、不動産、備品等)して設立した法人で、出資者は社員となり、出資額に応じて出資持分(株式会社の株式に近い)を有します。 (注) 出資しない人であっても社員になることができます。	個人または法人が無償で寄付した財産に基づいて設立された法人で、寄付行為ですから、財産の提供者(寄付者)は設立後法人に対しいっさいの請求権がありません。
退社・解散に際し、持分に応じて払戻し、分配を受けることができます。	解散したときは理事会で残余財産の処分方法を決め、知事の認可を受けて処分します。
どちらも診療報酬の制限は特にありません(健保の指定を受けないことも可)。	

(注) 社団とは事業を行う目的の「人」の集合体で、医療法人社団には「出資持分の定めのある社団」と「出資持分の定めのない社団」がありますが、出資持分の定めのある社団が大部分です。

(2) 一人医師医療法人

医療法人のひとつとして、いわゆる「一人医師医療法人」という用語がと

きどき使われることがありますが、あくまでも医療法人社団または医療法人財団です。したがって、医療法上は設立・運営・権利・義務に関してなんら区別はありません。昭和60年の医療法改正により、改正前の「病院又は常勤の医師が3人以上の診療所を開設している医療法人」に対し、法改正後の「常勤の医師が1人又は2人の診療所を開設している法人」のことをいいます。これを機に、個人立の病院・診療所等から医療法人立の病院・診療所等への移行や医療法人による開設が進みました。

　この背景には、個人立に比べ医療法人化のメリットが大きいことがあります。①個人の所得税の超過累進課税のみから法人税と給与所得税の併用で節税メリットが得られます、②医師個人の所得に給与所得控除が適用されます、③配偶者や事業承継予定者などへ所得を分けることにより、院長個人の所得税での高い税率ではなく、家計全体としての税率が低くなり節税メリットが得られます、④リタイア時に退職慰労金を受け取ることができ、退職所得は税制面で優遇されています、⑤個人では認められていない分院開設が可能になります、⑥法人化で医業の永続性が確保されます、⑦赤字の繰越控除が7年間（個人では3年間）可能になります、などのメリットです。

(3) 基金拠出型医療法人

　平成19年4月以降、持分の定めのない医療法人社団は、「基金を引受ける者の募集をすることができる旨を定款に定めることができる」とされ、「基金制度」を選択的に採用することができるようになりました。持分の定めのない医療法人社団は、「一般分の定めのない社団法人（基金なし）」と「基金拠出型社団法人」の2種類に区分されたことになります。基金とは、法人に拠出された金銭等の財産であって、このような基金制度は剰余金の分配を目的としない医療法人の性格を保持しつつ、活動の原資となる資金を調達して財産的基礎の維持を図るという趣旨で設けられました。

　基金拠出型法人の特徴は、①社員の持分はありません（法人名称のとおり

「拠出」であり、出資ではないため）、②社員の退社等の場合は、拠出額を上限として払い戻します、③法人解散時の取扱いは、財産等の残余は国、自治体、他の医療法人に帰属します、などです。

なお、既存の「持分の定めのある医療法人社団」「医療法人財団」は基金制度を採用することができませんので、現在の状況にて経過措置法人として存続できます。

(4) 特定医療法人

医療法人のうち、施設要件として原則40床以上の病院で国税庁長官の承認を受けたものは特定医療法人になることができます。約400法人が特定医療法人の承認を受けています。

優遇措置として、法人税において22%（通常は30%）の軽減税率が適用されます。

承認基準は、以下のとおりです。

① 租税特別措置法に基づく財団または持分の定めのない社団の医療法人であって、その事業が医療の普及および向上、社会福祉の貢献等の公益の増進に著しく寄与し、公的に運営されていること。
② 理事・監事・評議員その他役員等のそれぞれに占める親族の割合がいずれも3分の1以下であること。
③ 寄付行為・定款に、解散に際して残余財産が国、自治体、他の医療法人に帰属する旨の定めがあること。
④ 告示で定める基準（公益の増進に寄与すること、役職員1人の年間の給与総額や医療施設の規模に関すること等）に適合すること。

(5) 社会医療法人

a 定　　義

医療法の改正により平成19年度より、社会医療法人という新しい法人類型

が創設されました。公益性の高い医療を担ってきた自治体病院が赤字慢性化という非効率の状況のなかで、閉鎖に陥ってきています。そこで、今後は医療法人に救急やへき地医療などの公益性の高い地域医療の中核を担ってもらい、運営上の知恵を生かせば効率的に取り組めるという考え方に基づくものです。医療法人のうち一定の要件に該当するもので、知事の認定を受けて社会医療法人になります。現在112法人となっています。

(注) 社会医療法人は特別医療法人の受け皿としても機能することとなり、特別医療法人制度は平成24年3月に廃止されました。

b 要 件

① 理事・監事・評議員その他役員等のそれぞれに占める親族の割合がいずれも3分の1以下であること
② 社団たる医療法人の社員に占める親族の割合がいずれも3分の1以下であること
③ 救急医療等確保事業に係る業務を所在地の都道府県で行っており、病院等の構造設備、業務体制、業務の実績が基準に適合していること
④ 寄付行為・定款において解散時の残余財産を国、自治体、他の社会医療法人に帰属する旨の定めがあること

などです。

c 特 徴

① 公益性の高い医療を担わなければなりません。
② 自治体病院の民営化の公募(指定管理者制度)の際に一般の医療法人より有利になります。(指定管理者制度とは、地方公共団体やその外郭団体に限定していた公共施設の管理・運営を、営利企業・NPO法人などに包括的に代行させることができる制度)
③ 公益性の高い医療に伴うロスをカバーできるように、収益業務(下記「4 業務」参照)が認められます。
④ 役員の給与制限、自己資本比率、理事長要件などが緩和されます。

⑤ 法人税は、公益法人等に該当することになっているので、医療保健業務に関しては課税されず、収益事業については軽減税率22％が適用されます。
⑥ 社会医療法人債（公募債）の発行が可能です。
⑦ 財務監査が義務化されています。

3　非営利性

　医療法では、営利目的の病院・診療所の開設を許可しないこととしています。このため医療法人も営利を目的としないよう、出資または寄付に対し剰余金の配当を行うことは禁止されています。
　また、配当でなくとも配当類似行為も禁止されています。配当類似行為とは、①役員の地位に基づいて高額な報酬を払う、②医療法人と取引のある関連法人に対して、通常の取引価格よりも高額の対価を支払う、③役員が不動産を所有している場合において、近隣相場よりも高額の賃料を支払う、④役員等への賞与等の臨時給与の支給、などです。
　決算後生ずる利益剰余金は積立金とし、施設改善、従業員の待遇改善に振り向けるのが適当です。

4　業　　務

　医療法人が行うことができる業務には、次の四つがありますが、医療法人の形態により行えない業務もあります。

法人類型	業務	内容
特定医療法人 / 一般医療法人 / 社会医療法人	本来業務	病院、診療所または介護老人保健施設による医療行為の提供
	附帯業務	医療提供行為に附帯する業務で、定款または寄付行為の定めによる業務 ・医療関係者の養成等、医学の研究所の設置、疾病予防施設の設置、居宅サービス事業、居宅介護支援事業等 ・デイサービス事業、短期入所事業、老人居宅介護事業、認知症対応型老人共同生活援助事業、養護老人ホーム、軽費老人ホーム （注）特別養護老人ホームの経営については認められていません ・有料老人ホームの経営、サービス付き高齢者向け住宅の経営 ＊個別法で定められている許認可・届出・登録の所定手続は必要です
	付随業務	本来業務・附帯業務に付随して行う業務 ・医療施設の建物内で行われる売店、敷地内で行われる駐車場業等 ・当該病院等へのまたは当該病院等からの患者の無償搬送等 ＊収益業務の規模にならないもの
	収益業務	社会医療法人は、病院・診療所等の業務に支障のない限り、定款または寄付の定めにより、厚生労働大臣が定める業務を行うことができます ・業務の種類は、農林業、漁業、製造業、情報通信業、運輸業、卸小売業、不動産業、飲食店、宿泊業、教育学習支援事業、サービス業等（たとえば、医療介護療養用品の販売、一般駐車場経営等です） ＊それぞれの業務に係る法令に基づく許認可、届出の所定手続は必要です ＊収益は本来業務（医療提供行為）へ再投資されるのが適当です

療養病床の削減方針が打ち出されており、病床を転換する場合の選択肢の

ひとつとして、有料老人ホーム・サービス付き高齢者向け住宅の経営が附帯業として行えるようになりました。

> この結果、医療法人の融資マーケットは、医療事業に係る資金にとどまらず、有料老人ホームやサービス付き高齢者向け住宅の設置・運営に係る事業資金にも広がることになりました。

5　名称表記

　名称は、医療法人社団○○会（××病院）、医療法人財団△△会（◇◇診療所）と表記することが原則です。また、医療法人○○会との表記をしている場合があります。この名称表記の場合、大抵は医療法人の大多数を占めている医療法人社団です。

　「総合病院」（ベッド数100床以上で、内科・外科・産婦人科・眼科・耳鼻咽喉科の最低5科を置く病院）の名称の独占は廃止されていますが、従来において総合病院の承認を得ていた病院は引き続き称することはさしつかえありません。

6　運営の仕組み

(1)　仕 組 み

　医療法人社団と医療法人財団の運営に関しての違いは、以下の表のとおりです。

	医療法人社団	医療法人財団
会議の種類	*定款の規定に基づき社員総会と理事会の二つが設置されます *社員総会は決議機関で、定款で理事その他役員に委任したものを除きすべて社員総会の決議によって行います。社員総会は定時総会と臨時総会とに分けられ、一般的には定時総会は毎年2回（通常は3月・5月）開催されます *理事会は業務の執行機関で随時に開催されます	*寄付行為の規定に基づき理事会と医療法に基づく評議員会の二つが設置されます *評議員会は、理事長の求めに応じて意見の陳述を行う機関で、一般的には、定時会議と臨時会議に分けられ、定時会議は毎年2回（通常は3月・5月）開催されます *理事会は業務の執行・決議機関で随時および定時に開催されます *寄付行為で評議員会の議決を要する事項を定めた場合は、評議員会の決議が必要です
議決を要する事項の例示	*3月開催社員総会 ・翌年度の事業計画の決定 ・翌年度の予算の決定 ・翌年度の借入金（当該会計年度内の収入により償還する一時借入金は除く） *5月開催社員総会 ・前年度決算 ・剰余金（損失）の処理 ・理事・監事の改選（任期満了の年のみ） *臨時社員総会 ・社員の入社、除名の決定 ・出資持分の変更、払戻し ・定款の変更 ・基本財産の設定、処分（担保提供含む） ・予算、事業計画の変更など	*3月開催定時会議 ・翌年度の事業計画の決定 ・翌年度の予算の決定 ・翌年度の借入金（当該会計年度内の収入により償還する一時借入金は除く） *5月開催定時会議 ・前年度決算 ・剰余金（損失）の処理 ・理事、監事の改選（任期満了の年のみ） *そのつど開催する会議 ・寄付行為の変更 ・基本財産の設定、処分（担保提供含む） ・予算、事業計画の変更など
	*理事3人以上および監事1人以上を置かなければなりません。診療所を1ヵ所のみ開設する法人に限り、知事の認可を受けて1人または2人の理事とすることができます	

役員	＊役員の任期は2年を超えてはなりません（ただし、再任は妨げません） ＊理事のうち1人は理事長とし、原則、医師である理事のうちから選出します ＊医療法人の開設するすべての病院・診療所等の管理者は、必ず理事に加えなければなりません ＊監事は、理事または医療法人の職員を兼ねてはいけません ＊評議員（医療法人財団）は、①医療従事者、医療経営に識見を有する者、あるいは医療を受ける者から選任します、②当該医療法人の役員を兼ねてはいけません、③員数は理事の定数を超える数とします
職務	＊理事長は、医療法人を代表しその業務を総理します ＊理事（常務理事の設置は定款の定めによる）は、医療法人の常務を処理します ＊監事は、医療法人の業務監査、財産状況の監査、会計監査報告書を作成し3カ月以内に社員総会または理事に提出します

(注) 医療法人では、役員登記されるのは理事長のみです（理事・監事は登記されません）。

(2) 金融機関としての注意ポイント

① 医療法人の行う行為は、すべて定款・寄付行為、法令または社員総会・評議員会の決定に拘束され、理事長といえども独断で処理することはできません。

② 日常の業務、金銭出納等については、社員総会・理事会（評議員会）の委任を受けているものとみなせますが、一定の規模を超える義務の負担（借入金・借入金担保の提供・改修工事・高額な物品の購入等で予算に計上されていないもの）などは、必ず意思決定機関である社員総会・理事会（評議員会）の議決を経なければなりません。

③ 医療法人との取引での注意点は、以下の3点が特に重要です。
　i　定款・寄付行為の内容をよく検証することが必要です。定款・寄付行為に違反している行為を見過ごすとか、黙認をしていると思わぬリスクを負うことになります。

ⅱ 翌年度の事業計画、予算や借入金(限度)の確認を行います。予算計上されていない一定の規模を超える義務の負担は、決議機関の議決が必要となります。

ⅲ 議決が必要な事項につき、議決が正式に行われているかどうかの確認です。議事録の写しを形式的に徴求すればよいのではなく、金融機関としては決議の真実性を確認したほうがよいでしょう。

7　会　　計

会計年度終了後2カ月以内に、事業報告書、財産目録、貸借対照表、損益計算書等を作成します。また、理事は、事業報告書を監事に提出しなければなりません。監事は、会計監査報告書を作成し3カ月以内に社員総会または理事に提出します。

社会医療法人は、財産目録、貸借対照表、損益計算書を公認会計士または監査法人に提出します。

会計年度は、4月1日に始まり翌年3月31日に終わります。ただし、定款または寄付行為に別の定めがある場合は、この限りではありません。

決算届けは、会計年度の終了後3カ月以内に知事に届けなければなりません。

その際の提出書類は、事業報告書、財産目録、貸借対照表、損益計算書、監事の監査報告書です。社会医療法人は公認会計士等の監査報告書です。

毎年度決算終了後、財産目録に記載された資産の総額を変更登記します。

8　特別代理人制度

医療法人と理事長との利益が相反する事項については、理事長は代表権を有しません。この場合は、特別代理人を別途選任して医療法人を代表させる

ことになります。特別代理人は、利害関係人の請求（または知事の職権）で知事が選任します。

　特別代理人の範囲として、医療法人の役員およびその家族、社員、従業員、顧問会計士、税理士等は不可です。

　また、利益相反行為の事例としては、
① 理事長個人の所有地（建物）を医療法人に売却する場合。
② 理事長個人が医療法人に貸し付ける場合。
③ 医療法人の理事長が株式会社の代表者を兼ねていて、法人間の取引が行われる場合（それ以前に理事長が株式会社の代表者に就任することそのものが問題です）。
があげられます。

Ⅲ 病院経営の環境

1　少子高齢化の影響

　高齢化社会を本格的に迎え、高齢者の患者の比重が徐々に高まっていくことは確実です。高齢者では急性期の病状も発症しますが、どちらかというと慢性期の病状で治癒というより症状緩和を目的とした治療や、いわゆる社会的入院といったニーズが強くなっています。しかし、厚生労働省は社会的入院の解消を目指して療養病床の削減方針を掲げており、そのかわりに、療養病床の介護老人保健施設への転換や医療法人による有料老人ホーム、サービス付き高齢者向け住宅等事業への取組みを促しています。

　少子化も大きな問題です。少子化は産婦人科や小児科といった診療科の減少を招き、人口が減少の一途をたどることは患者数全体の減少につながるなど、特に地方の病院経営に大きく影響を与えます。このことが病院・診療所、医師、医療の質の偏在化をきたし、医療の過疎化を生み出すことになっています。

　また、高齢化の時代においては、個人の尊厳に配慮した医療行為も重視されるようになりました。治癒の見込みのない患者に対する終末期医療や延命治療については、患者本人や家族の意思を無視した報酬目的と思われるような治療行為は、家族等の不信・不満が募ることになり、それは悪評になりかねません。患者・家族の視点に立った医療行為という観点も必要とされるのではないでしょうか。

2　診療報酬の改定の方向

(1)　診療報酬の改定による影響

　診療報酬は原則的に2年ごとに改定されていますが、平成21年度までは4回連続してマイナス改定が行われ、診療報酬の引下げが実施されました。その結果、病院経営は厳しい局面に立たされました。「福祉医療機構の病院の経営分析参考指標」によると、平成20年度の一般病院の損益分岐点比率は101.3％となっており、その影響が端的に表れています。

　しかし、平成22年度は診療報酬が0.19％の引上げとなり、なかでも急性期医療（入院医療）に厚く配分した結果、平成22年度の損益分岐点比率は96.6％となり医療崩壊と嘆いていた病院経営が改善しました。

　医療費抑制の方向のなかで、平成24年度改定がどうなるか、それ以降の改定の方向性が経営に大きな影響を与えることになりますので、これからも注視していかなければなりません。

(2)　診療報酬の抑制

a　診療の効率化

　老人医療費の抑制として、高齢者に多い外来再診や長期入院の抑制と外来診療総合科の廃止、老人慢性疾患の定額性への移行等が図られており、高齢患者が多い医療機関は将来的に大きな打撃を受けることになります。

　診療報酬は出来高払いが中心ですが、慢性疾患などには「包括払い定額制」が導入されています。定額制でも、入院が長期になると医療費がかさむので、「入院1回当り定額制」に切り替えられています。医療定額制は、平成15年度に大学病院等に入院医療費の定額制が導入され、それを平成20年度より拡大して中堅病院にも導入され、診療の効率化を促しているのです。

> ＊出来高払い＝治療（投薬・注射）×回数＋検査（採血・レントゲン）
> 　　　　　　×回数＋入院料×日数
> ＊定額払い＝定額費×日数（入院1日当りの医療費を病気ごとに定額とします）

b　技術開発による医療費の伸び

「高齢化で医療費が増加する」といわれていますが、医療費の伸び率への寄与度では、実は新薬開発、先進治療、最先端医療機器等の医療高度化など「技術的要因」のほうが大きくなっているといわれます。となると、今後は技術的要因の診療報酬の改定の方向性が経営に重要な影響を与えることにもなります。さらには、初診料・再診料、老人の本人負担割合など患者負担分を引き上げることで、受診の抑制を図る施策が強化される方向にあります。

(3)　診療報酬の差別化

診療報酬を抑制する一方で、そのかわりに病院機能によって報酬を優遇する制度をつくっています。現在、かかりつけ医制度（診療所）、慢性期療養型病院、一般病院、急性期病院、地域医療支援病院、特定機能病院等の機能分担が進んでいますが、今後も社会的保障制度のあり方、財政問題、高齢者の政治影響力、医療の高度化等により、機能分化と診療報酬の差別化はさらに進んでいくことが予想されます。

① 　病床200床未満の病院等では、外来や慢性期疾患中心の診療を行うと収益性が高くなり、200床以上の病院では在院日数を短縮し、診療所等からの紹介患者を多数受け入れるなどにより収益性が高まる診療報酬体系となっています。
② 　急性期病院にあっては一定の要件を備えれば、診療報酬の加算点数がつき、その分報酬がふえます。

3　一般病床の削減

　各都道府県の基準病床数というのは、地域医療計画で規制されており、それを超えての病床の新設は許可されません。

　日本の人口当り病床数は外国と比較すると、過剰で入院期間も長いといわれ、厚生労働省では急性期病床数の適正値を40万～60万床と算出していて病床の3分の1を削減する計画です。

　〔参考〕　平均在院日数（急性期）は、日本：20.2日、米国：5.6日、英国：6.6日、仏5.5日（OECD・DATA2007）

4　療養病床の削減

　慢性期の療養を中心とする療養病床は、高齢者の介護福祉施設のかわりの受け皿となっており、社会的入院から生じる給付費の無駄が指摘されていることから、厚生労働省は平成18年度時点の療養病床35万床（うち医療保険適用病床23万床、介護保険適用病床12万床）を平成24年度末までに、医療保険適用病床を22万床とし、介護保険適用病床は全廃する方針を打ち出しました。しかしながら、社会的ニーズや医師会の反発等による紆余曲折があり、計画自体が猶予される見通しとなり先行き不透明となっています。

　介護療養病床を退出した高齢者の移る先として、厚生労働省は転換老健政策を進めて、介護老人保健施設（老健）の医療・看護体制と機能を強化した介護療養型老人保健施設（新型老健）の制度を平成20年から新たにスタートさせています。いずれにせよ、今後の趨勢としては、介護療養病床がこのまま維持できる見込みは乏しく、新型老健や従来型の介護老人保健施設、さらに介護付有料老人ホーム、サービス付き高齢者向け住宅への転換を進める政策が行われることが予想されます。

5　医師・看護師の不足

　平成16年に開始された新医師臨床研修制度により、地方を中心に医師不足が深刻化し、労働環境が苛酷になることから勤務医は「地方から都市へ」流れていきます。また、医療訴訟リスクのある病院に見切りをつけて開業する医師もふえていて、「勤務医から開業医へ」の動きも重なり、医師不足が深刻化しています。特に、訴訟リスクの高い小児科・産科・外科・脳外科の診療科はより医師の減少がみられ、地域によっては崩壊等の偏在現象が生じています。

　さらには、診療報酬改定で、急性期患者に質の高い医療を提供する体制「患者7対看護師1入院基本料」が創設され、大学病院等が看護師の大規模採用を行っていることが看護師不足を招いています。看護師の多くは勤務がきついことから、結婚し、子どもができると家庭内に入ってしまうために慢性的不足に拍車をかけています。

6　設備投資負担の増加

　いちばん大きな問題は、施設の老朽化による建直しの時期が到来していることです。そうはいっても簡単に新設できる場所が確保できるわけではありませんので、改修・改築を重ねることになり、費用対効果でみると、かえって投資負担が重くなってしまいます。

　医療技術の進歩に伴い高度の医療機器が開発され、その導入には多額の資金が必要です。しかし、それに見合う収入が確保できるかという問題があります。さらに、電子カルテや会計システムの導入等といった情報処理に係る設備も、効率化や患者の待ち時間短縮には必要となっています。

Ⅳ 病院経営の定量分析

1 経営分析の参考指標

　融資先の病院の経営状態を比較して分析できる参考指標は、以下のとおりです。ホームページで調査結果の概要が公開されていたり、有料図書として発刊されています。

(1) 福祉医療機構（http://hp.wam.go.jp/）

a 「病医院の経営分析参考指標」（有料図書）

　機構の直接貸付先病院より提出された事業報告等を基に、診療所（医院）については「医療経済実態調査報告」を基にまとめたものです。

　掲載内容は、

① 収支の状況：一般病院・療養型病院等ごとの年次別の構成比等、病院の種類・開設者・病床規模別の構成比等および1施設当りの収益・費用。
② 財務の状態：一般病院・療養型病院等ごとの年次別の年度末財務状態・財務比率、病院の種類・開設者・病床規模別の年度末財政状態・財務比率。
③ 個人立一般診療所の収支モデル、個人立一般診療所1施設当り平均収支額等。

b 「経営分析参考指標・病院の経営状況（PDFファイル）」

　機構のホームページに病医院の経営分析参考指標（有料図書）の概略が掲載されており、経営分析に活用することができます。その内容については、図表1－2のとおりです。

図表1－2　病院の経営分析参考指標の概要

区分			一般病院			療養型病院		
			平成20年度	平成21年度	平成22年度	平成20年度	平成21年度	平成22年度
施設数			726	755	804	649	608	634
平均病床数（床）			191.0	186.9	186.7	147.7	149.5	147.3
病床利用率（％）			80.0	80.9	81.4	92.4	92.9	93.0
平均在院日数（日）			22.6	22.2	21.5	105.0	105.2	102.9
入院外来比			1.93	1.94	1.89	0.58	0.57	0.57
新患率（％）			10.6	10.6	10.5	7.6	8.0	7.6
1日平均患者数（人）	入院		152.7	151.0	152.0	136.4	139.0	137.0
	外来		295.1	293.5	287.6	78.9	79.8	77.8
病床1床当り医業収益（千円）			15,746	16,428	17,627	8,390	8,714	9,092
患者1人1日当り医業収益（円）	入院		36,974	38,087	41,102	19,643	20,253	21,112
	外来		9,460	9,696	10,231	7,811	8,125	8,399
収支の状況	収益	総収益構成比（％） 医業収益	97.6	97.7	97.3	97.6	97.6	97.6
		医業外収益	1.9	1.9	2.0	2.1	2.0	2.0
		特別利益	0.5	0.4	0.7	0.3	0.4	0.4
		医業収益構成比（％） 入院収入	68.5	68.5	69.3	79.0	78.8	78.8
		外来収入	27.3	27.2	26.4	14.3	14.3	14.1
		その他の医業収入	4.2	4.3	4.3	6.8	6.9	7.1
	費用	医業収益100に対する医業費用の割合（％） 人件費	51.6	51.4	50.6	55.3	55.1	55.8
		医療材料費	21.5	21.3	20.7	9.9	10.1	9.4
		給食材料費	2.0	1.9	1.8	4.1	3.9	3.7
		経費	19.7	18.9	18.4	20.8	20.4	20.2
		減価償却費	4.7	4.7	4.7	4.5	4.3	4.1
		計	99.4	98.2	96.3	94.7	93.9	93.3
損益分岐点比率（％）			101.3	99.3	96.6	95.2	94.1	93.3
経常収益対支払利息率（％）			1.4	1.3	1.2	1.4	1.2	1.1
医業収益対医業利益率（％）			0.6	1.8	3.7	5.3	6.1	6.7
経常収益対経常利益率（％）			0.2	1.6	3.4	5.3	6.2	6.8
収益率｛1－(総費用／総収益)｝×100（％）			0.1	1.0	2.8	4.8	5.6	6.3

（注）　経営指標の解説は「病院の経営状況（PDFファイル）」を参照してください。
（出典）　福祉医療機構

(2) 全国公私病院連盟 (http://www005.upp.so-net.ne.jp/byo-ren/)

a 「病院経営実態調査報告」「病院経営分析調査報告」(有料図書)

下記の病院運営実態分析調査の結果を報告書にまとめて発刊しています。

b 「病院運営実態分析調査の概要」

連盟のホームページに「病院運営実態分析調査の概要」が掲載されており、これは例年6月（単月ベース）を対象に実施している調査で、私的病院および自治体病院・その他公的病院が対象です。ただし、調査の対象は自治体・公的病院が約4分の3を占めているので、その点を考慮して融資先病院の経営状態の比較分析を行うことが必要です。「福祉医療機構の経営分析参考指標」および「厚生労働省の医療経済実態調査」とあわせて活用するとより有効な分析を行うことができます。掲載内容の一部は、

① 「調査結果の概要」：平均在院日数、病床利用率、一般病院における100床当り職員数、6月中の1病院当り入院患者数・外来患者数、医師1人1日当り取扱い患者数・診療収入、診療科別の患者1人1日当り診療収入、100床当り収支金額、医業収益100対収支金額割合、常勤職員1人当り平均給与月額等です。

② 「調査結果の年次推移」：「調査結果の概要」項目のほかに、一般病院の病床規模別100床当り収支金額、一般病院の病床規模別医業収益100対収支金額、1食当り食事材料費、看護要員1人1日当り患者数、事務部門職員1人1日当り患者数、検査1件当り検査収入金額等です。

(3) 厚生労働省の「医療経済実態調査（医療機関等調査）」(http://www.mhlw.go.jp/bunya/iryouhoken/database/zenpan/iryoukikan.html)

① 調査対象：病院（医療法人、国公立、公的等）、一般診療所等です。
② 調査対象時期：毎年6月分の集計結果と直近の2事業年度の集計結果です。

③　データ内容：病院機能別・一般病院病床規模別・一般診療所の損益状況、機能別等損益状況が損益計算書の形で掲載されています。損益は金額ベースと医業収益に対する比率と両者が掲載されているのが特徴で、金額での比較がしやすくなっています。

(4) 比較する時の留意点

開設者、病床規模、一般病床割合、療養型病院などの区分があり、比較対象の選定に留意します。また、融資先病院が介護老人保健施設等を運営している場合は、介護老人保健施設等に係る収益を除外して比較します。

たとえば、A病院の場合、医業収入の内訳は一般医療67％、人口透析クリニック8％、介護老人保健施設25％ですが、税引前利益は一般医療12％、人工透析クリニック35％、介護老人保健施設53％となっており、人工透析クリニックと介護老人保健施設が収益の大半を占めていて、一般医療はわずかにしかすぎません。

医師1人1日当り診療収入は、診療科別や入院・外来とにより、基本的診療報酬がそもそも異なるので、単純に金額だけをみてはいけません。つまり、同一業種の比較だからといって、単純に収入・費用・利益率を比較するのではなく、さまざまな角度からの検証が必要です。それは、診療科別、外来・入院、医師1人1日当り取扱患者数、患者1人1日当り診療収入、医師1人1日当り診療収入、医業収益100対収支金額、平均在院日数、病床利用率、100床当り職種別職員数等です。

2　経営のポイント・特徴

各種の経営分析参考指標や実態調査からみられる病院経営のポイント・特徴は以下のとおりです。
①　一般病院の収益率は、平成20年度0.1％から平成22年度2.8％と改善に向

かっており、診療報酬引上げの効果が現れています。
② 療養型病院の収益率も平成20年度4.8％から平成22年度6.3％と上昇していますが、一般病院よりもかなり収益率が高いことがわかります。このことが、厚生労働省の進める療養病床全廃の方針が進捗しない大きな理由といわれています。
③ 医業収益に対する人件費率は51％前後と高く、医療は高度の労働集約型サービス業といえます。
④ 医療材料費率は21％前後です。医薬品費に「薬価差益」を乗せた金額が医療機関に支払われますが、その差益は縮小しています。
⑤ 医業収益に対する減価償却費率は4.7％と施設規模の割には低くなっています。これは、いままで医療機関では設備投資が積極的に行われなかったことを示しているわけで、施設の建替え時期が到来していることと無関係ではありません。
⑥ 病床利用率は平成20年度対比22年度1.4％上昇し、平均在院日数は平成20年度対比22年度1.1日短くなっています。病床利用率は施設の機能により異なり、平均在院日数は診療科目により異なりますので、同種の形態との比較をすることが必要です。
　ⅰ　病床利用率＝（1日平均入院患者数÷平均許可床数）×100は高いほうがよいのですが、高い要因が患者数の増加によるものか、入院患者の在院日数が長いことによるものなのかをチェックします。
　ⅱ　平均在院日数＝延入院患者数÷（新入院患者数＋退院患者数）×1/2は在院患者がすべて入れ替わるまでの期間を表したもので、病床回転率（期間）です（入院患者が退院するまでの平均入院日数とは異なります）。平均在院日数20日というと、在院患者に対する入退院患者合計数の比率が1割ということを意味します。平均在院日数は入院基本料や急性期加算の承認要件として重要で、短縮されるほど診療報酬が高くなっていきます。しかし、一方では、平均在院日数が短縮されるほど看護配置が厚く

なりますので、人件費がふえるという問題があります。
  iii　病床利用率や平均在院日数を分析するときは、単に日数をみるのではなく、診療報酬と人件費との兼ね合いに留意して、病院の方針はどうかを確認します。
  iv　平均在院日数が短縮されると病床利用率が低下すると考えられがちですが、福祉医療機構の参考指標をみると、病床利用率は1.4％上昇し、平均在院日数は1.1日短くなっているので、相関関係はないといえます。
  v　平均在院日数は、平成22年度21.5日と短縮されつつありますが、厚生労働省の目指す方向にはまだ不十分です。今後さらなる短縮化に向けた診療報酬体系に改定され、病院経営に影響を及ぼすことになるかもしれませんので注意が必要です。
⑦　「病院運営実態分析調査の概要」によると、平均給与月額は、医師106万4,000円、看護師35万2,000円、準看護師33万2,000円、事務職員33万円等となっています。一般労働者と比べると水準が高く、人件費率が高い要因にもなっています。

3　経営の定量分析

(1)　損益計算書のポイント

a　収　入

　収入は医業収益が97％以上、医業外収益が2％程度です。医業収益とは、入院診療収入、外来診療収入、保健予防活動収入、その他医業業務収入等で、「診療単価×患者数＋基本診療料（初診・再診料、入院基本料）＋特掲診療料（手術・検査、撮影、各種加算等）」で構成されています。医業外収益とは受取利息・患者外給食費・雑収入等です。

　医業収益は分解してみることが必要で、①病床1床当り収益、②入院・外

来の1日平均患者数・患者1人1日当り収益、③主な診療科別の患者1人1日当り診療収入、④医師1人1日当り取扱い患者数・診療収入等について、各種の経営分析参考指標等との比較を行います。さらに、病床利用率・平均在院日数もあわせて比較分析することで、収入構造の問題点を洗い出します。

　b　支　　　出

　支出は医業原価、医業費用、医業外費用です。医業原価は医薬品・医療材料等です。医業費用の主なものは、人件費（給料手当・賞与・福利厚生費等）・水道光熱費・委託費・修繕費等です。医業外費用は支払利息がほとんどです。

　チェックポイントは、医業収益に対する医業材料費率、人件費率、減価償却費率で、経営分析参考指標等と比較をします。参考指標より乖離している場合は、どこかに問題が潜んでいることが考えられますので、その原因を追究することが経営改善にもつながります。

① 　医業材料費率が高いのは、調達先との価格交渉力が弱い、あるいは調達先と癒着しキックバックを得るために高い仕入価格を容認するとか、在庫管理がルーズとかが考えられます。
② 　人件費は「病院運営実態分析調査の概要」による平均給与月額と比較をします。ただし、医師・看護師は専門職で不足している状況を考えると、平均より高いから引き下げられるという性格のものでもありません。
③ 　修繕費は設備、特に建物の老朽化度と密接な関係がありますので、この金額が大きいことは、建替えが必要な時期にきていることを意味しています。
④ 　委託費はアウトソーシング業務（リネン・医療廃棄物処理・清掃等）の支払費用ですが、委託率が高ければ、その分コストは下がるといわれます。医療経済実態調査によると、医業収益に対する委託費の割合は5.5％前後でまだ委託率は低い段階です。

c　調達先・委託先

　医療材料・サービスの調達先や業務の委託先をチェックします。系列のメディカルサービス法人から医療材料・サービスを調達したり、業務を委託したりしている場合は、その法人に費用を負担させたり、収益を移転させたりというようなこともあるので注意を要します。また、系列メディカル法人は一族が役員を占めていることも多く、不透明な関係になりやすいことにも留意します。

d　返済力

　返済キャッシュフロー（CF）の水準を確認します。返済CFとは当期純利益＋減価償却費で、原則、長期借入金の返済原資となるものです。ただし、特別損益が含まれている場合は、これを除外します。

① 長期借入金の約定返済額に見合ったキャッシュフロー水準は確保されていますか。
② 現行のキャッシュフロー水準での債務償還年数をみます。詳しくみると、
　ⅰ 長期借入金の償還年数は何年ですか。
　ⅱ 長期借入金のうち設備長期借入金の償還年数は何年ですか。──→建物・機械設備は耐用年数以内に完済することが、新規設備投資の前提です。
　ⅲ 長短借入金＋医療機関債の償還年数は何年ですか。──→これは債務全体の償還年数を表していますので、これが相当な長期間ということは収益が不足していることを表しており、その状態では次の設備投資の借入金が危ぶまれます。

(2)　貸借対照表のポイント

① 医業未収金（診療報酬債権）の回収日数は60日以内なので、この水準より乖離している場合は注意を要します。乖離している場合は、患者負担の

診療費の未収金が多額とは考えにくいので、なんらかの粉飾をしているおそれがあります。
② 短期貸付金・長期貸付金の貸付先と貸付事由、回収見込みを確認します。少額の場合は問題ありません。
③ 建物の取得価額と決算時の簿価を申告表の別表で確認します。建物の償却が相当進んでいれば建替え時期が近いということになります。
④ 仮払金、投資有価証券等で多額な項目がある場合は、その内容を確認します。
⑤ 自己資本比率は内部留保の累積を表していて、負債依存度とは相反関係にあります。自己資本比率が低いと、その分借入金がふえることになり資金繰りが苦しくなります。病院では経常運転資金の必要性はほぼないので、相当程度の短期借入金がある場合は、赤字補てん資金、あるいは長期借入金の約定弁済資金不足による借換資金の調達のどちらかが考えられます。

(3) 販売費および一般管理費のポイント

販売管理費では不透明な項目を確認します。たとえば、支払手数料2,000万円などです。病院事業で支払手数料の発生要因は考えられませんので、よく調査をしてみると一族関係会社救済資金とかコンサルタント名目となっていますが、実態は政治資金だったりということがあります。うっかりしていると見過ごしますので内容に注意をしましょう。

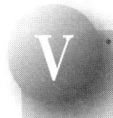

V 病院経営の定性分析

1 概　　要

① 沿革：設立経緯・設立者・経過年数・地域における位置づけ・診療科目の変遷・患者の評判・施設の増改築・移転状況などです。
② 経営陣：理事長以外の理事の員数と各理事の氏名・略歴、理事長・常務理事・院長の経歴と出身校、事務長の経歴などです。
③ 機能：病床数、地域医療支援病院・特定医療法人かどうか、一般病床と療養病床の割合などです。
④ 組織体制の凡例図

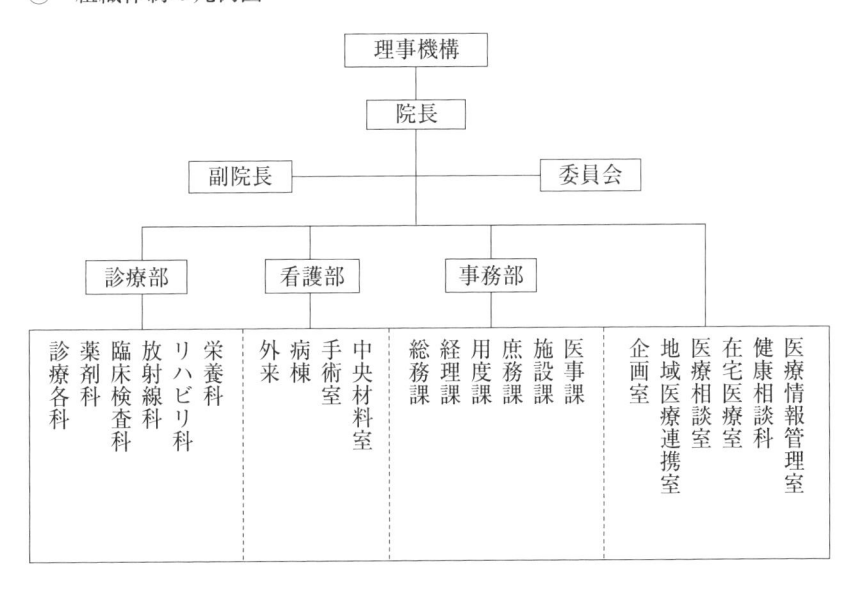

```
                    理事機構
                       │
                      院長
                       │
        ┌──────────────┼──────────────┐
       副院長                        委員会
        │
   ┌────┼────┬─────────┐
  診療部  看護部    事務部

診療部：診療各科、薬剤科、臨床検査科、放射線科、リハビリ科、栄養科
看護部：外来、病棟、手術室、中央材料室
事務部：総務課、経理課、用度課、施設課、庶務課、医事課
       企画室、地域医療連携室、医療相談室、在宅医療室、健康相談室、医療情報管理室
```

第1章　病院事業

⑤ 診療科目・診療日時の状況として、科目の種類と主要科目、特に強みのある診療科目は何か、それと診療日と診療時間はどうなっているかです。
⑥ 医療機器の水準として、CT・MRI・スキャナー等の高度・最先端機器の設置状況です。
⑦ 系列として、単独か医療グループに属しているかです。
⑧ 医師に関しては、常勤・非常勤医師の人数と割合、医師の出身校系列、どのようにして採用しているかです。
⑨ 看護師に関しては、人数と過不足状況、特に夜勤に問題が生じていないかどうかです。
⑩ 建物・敷地に関しては、面積と建物の建築後経過年数です。

2　環　境

　立地も大事な要素です。特に以下の4点は重要なポイントです。
① 受診者の見込みとして、来患するエリア圏、エリア内人口の増減動向（転入・転出と出生・死亡率）、高齢化等の状況。
② 立地条件としては、所在地（駅前にある、買物圏と重なる、大型集客施設が近隣にある等）、交通の便利さ、交通手段、駐車場スペース等です。
③ 施設アメニティーとは、施設の快適さですが、内外装の状態、清潔さ、明るさ、整理整頓、待合室や空間のスペース等です。
④ 他の医療機関の状況として、ひとつは競合する医療機関の存在、もうひとつは補完関係にある医療機関の存在です。診療科目が競合しない医療機関がエリアに複数存在しているほうが患者には利便性が高まり、医療機関相互の補完性の効果が期待できます。

3　経営管理体制

(1)　企業経営の視点

　病院事業は収益事業とは相いれない面もありますが、そうかといって、赤字続きでは倒産することは目にみえています。病院も安定的に存続することが地域住民に貢献することとなりますので、企業経営という観点で経営に臨む姿勢が求められます。その姿勢は、理事長や経理担当常務理事にとどまるのではなく、院長・副院長といった医局のトップにも求められます。

　また、病院も組織である以上、部門あるいは個人が与えられた責任を果たすのは当然のことですが、その責任体制が明確化されており各自が意識的に取り組んでいるかどうかです。組織図をみると一般企業と同じ統治の仕組みとなっていますが、病院はタテ割組織でセクショナリズムが強い、経営陣とはいえ医療現場には口を出しにくい、診療部と看護部との軋轢があることなどから、責任の所在があやふやになったり、責任を他人・他所に押し付けたりという問題があります。

　適正なる収益を確保することは決して医療倫理に反することではありませんので、収益を重視する姿勢で諸施策の実施、変更、改善に取り組もうとする方針が徹底されているかどうか、医師・職員等の意欲はどうかという点が重要です。

(2)　マネジメントシステム

a　経営企画・管理

　内部組織として、運営会議、診療幹部会議、諸委員会等が設置されていて、メンバーは部門を横断しての選出、定期的な開催、有益な討議、会議等の決定事項の示達・管理・検証が正常に機能しているでしょうか。また、経

営の企画調整を図るために、経営統計や経営分析を担当する組織があり、経営上の問題点を把握し、理事会等に報告をし、その対策・対応が迅速に行われている必要があります。

b 診療部門と看護部門

医師と看護師のコミュニケーション、人間関係、相互の尊重意識に問題があると、診療部門と看護部門の軋轢は生じやすくなります。看護部長は医療行為に関しては院長の配下にありますが、医療行為を除いては経営陣に直結していて、意見具申・情報伝達が闊達にできるシステムになっていることが重要です。

c 経営者や管理者層のマネジメント能力

① 理事長・常務理事は、院長や医局（医師・看護師）に対する管理能力を有していますか。

② 事務長の資質としては、医局事務に精通している、カルテから患者指導等により診療報酬が加算される事項のもれを医師に指摘できる、患者の不満・苦情を医師に伝え改善を指導するなど「医師に注文」がつけられる、経理・財務部門も兼ねているときは経営分析ができる、医師間、医師と看護師間の調整ができる等の能力が必要です。つまり経営陣が回避しがちな事柄に取り組む能力を有しているかです。

③ 院長は医療の総責任者で医師のマネジメント役なのですが、名目的な意識しかもっていないのか、それとも経営に対する認識も併せ持っているのかどうかです。

④ 看護部長・看護師長は看護師の管理、医師との連携調整、医療態勢の調整といった役割がとても重要で、そのようなマネジメント能力がありますか。

4　人事労務

(1)　離職率の問題

　病院従事者・看護師の離職率は一般企業に比較すると高いといわれますが、閉鎖的な世界なので、離職率が高いことで人の移動が起こり、人事の停滞を改善する効果もあります。また、専門的職業であり、比較的再就職がしやすいといったことも離職率が高い要因になっています。

(2)　人材育成

a　CS重視

　一般企業でいえば患者は「お客様」であり、お客様には接遇応対や顧客ニーズ・苦情解消などに真摯に取り組み、CSを重視した経営を行っています。病院では、ともすると患者より医師・看護師が優位にあるように感じられるときがあります。それは、患者の話をよく聞かない、診察時間が短い、丁寧な説明がないというようなことで、それらが患者の不安や不満につながります。そこで患者の視点に立つ医療という意識改革・教育が医療従事者に対してどのように行われていますか。

b　優秀な職場リーダーの育成

　組織は専門知識のみ習得した集団で維持できるわけではありません。リーダーのマネジメント、上下・水平方向のコミュニケーション、相互補完と牽制などが組織には欠かせません。こうした普遍的能力も備えた人材を育成していく必要がありますが、そのために外部研修等も活用した教育・訓練体系を構築していますか。

(3) モチベーションのアップ

a 人事評価

人事考課は適正に行われていますか。狭い世界だけに評価者はいつも同じで、評価が定着してしまうと評価される側の不平・不満が募りモチベーションが下がる、あるいは退職をしてしまいます。

b 能力・成果主義

昇給・昇進は年功序列等の体系だと、意欲の高い優秀な人はやる気をなくすことになります。能力・成果主義の賃金体系や昇進の仕組みを取り入れていますか。

c 職場満足度

ES（職員満足度）は達成されていますか。労働条件・処遇も必要な要件ですが、十分条件ではありません。患者の感謝・笑顔、チームの一体感、コミュニケーションの円滑化、人間関係の軋みの調整など、要は働きがいのある職場として職員の満足が得られていますか。

(4) 看護師の労働条件

看護師の勤務は日勤・夜勤・休日と365日態勢で、看護領域も外来・救急・入院患者と多岐にわたりますので、勤務の回転や割振りをどうするかに苦慮します。看護師不足や既婚者であれば夜勤等を避けたがるといったことから、一部の看護師に負担がかかりすぎれば退職を招いてしまうかもしれません。看護部長・看護師長の采配により皆が納得・我慢できるローテーションが組まれているかです。

特に、職場環境の福利厚生状況として重要なのは、看護師の幼児用の保育所を設けているかどうかです。自分の職場で保育に預けられるというのは、定着率アップにつながります。

要は、看護師の資格保有者は十分いるのですが、労働環境が厳しいところ

には就職しませんし、育児の問題で家庭内等に入ってしまうために、労働条件の改善に経営層が意を用いているかどうかが大切です。

5　危機管理

(1)　インフォームド・コンセントの確立

「説明と同意」ということですが、医師が患者に説明して同意を求めるということではなく、患者が医師から十分な説明を受け、理解したうえで患者が同意を与えるということです。

患者やその家族と、医師・看護師との人間関係を築き、医療紛争を防止するには大切な役割を果たしています。

(2)　医療紛争

患者側と医療機関側の見解が対立し医療紛争となるわけですが、不可抗力であるにもかかわらず、患者側が理解せずに対立することから生じます。紛争がたびたび起こり解決に時間・労力・費用を要している場合、要注意です。もし、紛争となりそうな場合でも粘り強く十分な話合いで、短時間で事態を収拾することが最良の方法です。そのためにもインフォームド・コンセントがきちんと行われていることが重要です。

(3)　医療過誤の発生状況

近年は医療過誤といわれる訴訟が急激に増加しています。訴訟を起こされても、医療機関側の言い分が認められる割合は7割という結果のようです。しかし裁判に勝っても、評判を落としたり、信頼性が低下したりダメージは残り、回復に相当時間を要します。

(4) 公的立入り調査

　都道府県の調査でどのようなことが不備事項・指摘事項となりましたか、重要な違反行為はありませんか、不備・指摘事項の改善は可能な事柄ですか、また改善への取組状況はどうですか。調査で仮に違反行為等の問題があったとしても、「行政処分という事態には至らないから大したことではない」と見過ごすわけにはいきません。そうした病院は経営・医療・組織体制のどこかに重大な欠陥を抱えているわけですから、事業の継続性に問題がないかどうか検証しなければなりません。

6　病院機能評価の取得状況

(1)　第三者による病院機能評価

　医療サービスは医師・看護師等の専門職員の技術的・組織的連携により担われていますが、患者のニーズをふまえつつ、質の高い医療を提供していくには、医療機関の機能のいっそうの向上が必要です。そのために医療機関においては病院機能の自己評価を実施しているところですが、それをより効果的なものにするためには第三者による評価の導入が必要とされます。その第三者による「病院機能評価」を行う機関は「日本医療機能評価機構」です。病院機能評価の取得に取り組む病院も徐々にふえています。

　評価を取得するための審査は、診療の質、患者の権利・安全性確保等に関して書面審査と訪問調査を受けます。審査基準に適合すれば、合格した先には認定証（5年間有効）が交付され、認定を受けたことは広告することができます。

(2) 評価取得の効能

効果としては、
① 改善すべき目標が、客観的により具体的・現実的ものとなります。
② 医療機能について幅広い視点から、具体的な改善策の相談、助言を受けることができます。
③ 患者や病診連携の医療機関へ提供情報の内容が保証されます。
④ 医療従事者・職員の自覚・意欲の向上、セクショナリズムの打破、コミュニケーションの円滑化が図られ効率化が推進されます。
などです。

また、評価取得は機能向上のスタートであり、継続的に取り組むことがより効果を発揮するものです。ときには取得が終着点となってしまって、時間の経過とともに機能しなくなる病院もあります。したがって、取得していればよいとは限らないので、取得効果や継続的な取組姿勢などにつき検証します。

VI 経営力強化

1 収支の改善

(1) 収入のアップが基本

　収支の改善を図るには収入をふやすか固定費を削減することです。しかし、固定費の大半は人件費であり、医師・看護師は不足していること、医師削減は診療科の閉鎖にもなること、看護師は一定の人員配置が必要なことを考えると人員削減の余地は少ないのです。また、薬剤費・診療材料費は変動費で医業収益に対する割合も21％程度であり、削減効果は限定的となります。そこで、まず収入をふやすことが最優先課題です。

(2) 病床の稼働率をアップさせる

　病床利用率が低い病院では、診療科ごとの病床管理・運営が行われていて、科別の病床の稼働状況に隔たりが生じてしまい、病床全体の最適な管理・運営ができていません。たとえば、内科病床には空きがあり循環器科病床が満床の状態のとき、専門外の患者を受け入れると事変が起きたとき危険という理由で、内科は循環器科の患者の受入れを断ってしまうといったようなことです。

　各科の看護師長が全病棟の利用状況を把握し、相互に融通し合うことで、新患の入床の機会を逃さずにすみます。

(3) 地域連携を強化する

　医療の特性として地域性があります。機能分化、地域連携は診療報酬体系からも経済的誘導が強くなりました。規模、機能にかかわらず、すべての医療機関は地域連携を図ることが重要課題です。地域連携とは地域の医療機関などと構築する信頼関係です。診療所の患者等で入院や高度な治療等の必要性があったときには地域の病院に患者を紹介し、急性期治療が終わり患者が退院した後の検査やケアは、紹介した診療所で受けてもらうことです。これにより、病院側は入院新患者が確保でき、一方、診療所側には紹介点数が加算され、患者も戻るメリットがあります。

　地域連携を強化するためには地域連携室を設け、地域の診療所と密接な関係を築く活動を行わなければなりません。ある意味では営業活動ですから、開業医と円滑なコミュニケーションの図れる営業マン的素質が必要です。

(4) 選択と集中を図る

　総合的に診療科をそろえていても、専門科に集中して強みをもつ病院が競合エリアにあれば、苦戦は避けられません。というのは、専門的病院には症例経験を積むために若手医師が集まり、患者も腕の良い専門医のいる病院で受診するからです。実績のある専門医を招聘、自病院の強みを生かせる特色のある診療科に集中することも選択のひとつです。

(5) 加算もれのチェック

　診療報酬は治療による単位のほかに、栄養指導・退院指導・薬剤管理指導等を行えば、それに対し点数が加算されます。医師も忙しかったり、うっかりしていて、こうした指導を行わなかったり、行ってもレセプトへの記入を失念したりしますので、医療事務ではこれらをチェックして、もれのないように医師に注意を促します。その進言だけでも収入の増加が図れます。

⑹ 診療所の場合

診療所の収支改善策としては、
① 在宅療養支援診療所の制度が創設され、その要件は24時間連絡体制を確保し、他の医療機関との連携のもと、24時間往診・訪問診療、訪問看護の提供が可能な体制を確保する等です。
② 在宅療養支援診療所は診療報酬上の経済効果が大きく、同じサービスを提供しても、それ以外の診療所とでは報酬が大きく異なります。
③ 在宅療養支援診療所の機能を備えることが、経営上の大きなポイントになります。

2　効率化・品質管理

　病院自らが経営の効率化の努力をする必要がありますので、産業界の「QC（品質管理）手法」や「カイゼン活動」を医療現場にも取り入れ、患者待ち時間の短縮化、医療事故・ミスの防止、効率化に生かすことが有効です。また、医師・医療従事者など現場の医療スタッフ間のカイゼンに取り組むことです。カイゼン活動を通して、①症例管理の改善、②作業手順の標準化、③データベース構築の標準化、④コストの削減、⑤在院日数の短縮化、⑥チーム内の情報共有と連携によるチーム医療の推進、⑦患者との情報共有と共通認識による患者満足の向上、などを目指します。以上のようなことは、個人の力だけでは限界がありますので、システムとしてのカイゼンの取組みが必要になります。たとえば、５Ｓ運動（整理・整頓・清掃・清潔・しつけ）を取り入れた病院では、必要書類や医薬品がすぐに取り出せるとか、紛失や取り違えのミス防止につながり、カイゼン効果が上がったというような例です。そして、さらには前述の「病院機能評価」は、システムとしての効率化・品質管理の仕組みを検証する第三者評価なので、認証取得に取り組む

ことで大きなカイゼン効果を生みます。

3　組織の強化

　病院組織は縦割りで、ともするとセクショナリズムに陥りがちなので、組織横断的な経営管理部門をつくり、各部門が一体となって相互に協力できる体制をつくる必要があります。

　経営管理部門には、横断的な組織に適した人材の確保がポイントで、外部人材の登用を含めて経営の専門的知識を有するスタッフを配置し、経営分析と企画・方針の決定権限をもたせ、実行力を保全します。

　組織強化の事例として副院長に看護師を登用しているケースが見受けられます。これには、

① 患者サービスの向上（医師中心から患者の視点への変革）
② 看護師の声を生かすことによるチーム医療の推進
③ 院内活性化のための抜擢（人事制度、処遇）

といった面があります。

4　人材確保

a　理　事　長
　理事長は代表権限がありますので、その資質が重要となります。しかし、理事長は医師なので経営・マネジメントに疎いということもあり、そうした場合は、理事長を補佐する常務理事が優秀な人材でなければなりません。

b　院　　　長
　医師のスキルと接患態度で、その医師につく患者が存在します。極力、常勤で有能な医師を確保します。院長は医師ににらみが利き、医師も一目を置くような人材ならば理想的です。

c　看護部長

　看護部長あるいは看護師長にマネジメント力のある看護師を配置します。部長・師長のマネジメント次第でチーム内の統制がとれたり、不満・不平を抑制したりといったことができます。

d　事　務　長

　事務長は医療事務の経験が長いだけではなく、経営陣・医局・事務部門の調整役の役割も果たせるような人材の配置が望ましいです。経営陣への要求、各部門の不平・不満、他部門への要望などの生の声がいちばん集まるところは事務長のセクションです。したがって、事務長機能が弱いと組織が円滑に回らなくなることもあります。

5　医師の勤務先病院の選択要因

a　都市部の優位性

　医師が都市部の病院を希望するのは、最先端・高額な医療機器が配置されていること、医療情報等が入手しやすいこと、大学病院の仲間や先輩がいること、プライドから「都落ち」は避けたいという気持ち、などが理由です。報酬の問題も無視できませんが、有能な医師ほど自分のスキル向上を図ることのできる医療機関へ移っていきますので、高度医療機器、病院の治療実績、学べる先輩医師の有無などが問題となります。

b　縁故的な要因

　大学病院等の医師が勤務先の病院を選定する場合、先輩・同僚の引きや紹介、大学医局の指示、教授の紹介等によることが多く縁故的な要因が強いものです。それだけに、1人が辞めると数珠つなぎで医師が辞めたり、人間関係、職場環境、経営陣との軋轢といった問題で辞めたりすると、その風評で後任の医師に不自由して診療に支障をきたしたりします。常勤・非常勤医師がどういうルートで採用されているのか、そのルートは維持され安定的か、

に留意します。

6　医師の意識改革

　オーナー医師と勤務医では診療報酬への取組姿勢がまったく違います。オーナー医師は経営責任がありますので、医は「仁術」であると同時に「算術」との意識をしっかりもっています。しかし、勤務医は医療に関心はあっても、経営そのものには関心が薄いし、責任をあまり意識しません。非常勤医師は特にその傾向が強くみられます。

　しかし、病院収入のほとんどは医師の診療が生み出していますので、彼らにも経営を見据えた医療に取り組んでもらわなければなりません。それには、経営を医師自身の問題として理解をしてもらうことが必要です。医師1人1日当り患者取扱数・診療収入等といったデータを整備し、数値を知らしめて意識させることです。さらに、医局会議等で経営状態を積極的に開示して、医師の努力の重要性やその結果を実感させること、患者からの意見・苦情を伝達し、患者との診療応対に生かしてもらうことを徹底します。

　院長は、大学病院や大規模な病院等から迎えることが多いのですが、経営あるいは他の医師に対するマネジメント能力という点ではあまり期待できません。しかし、経営陣の1人で医局の長ですから、果たすべき役割を限定かつ明確にして、取り組んでもらいます。もちろん、経営感覚をもった医師もいるので、こうした医師は副院長あるいは部長待遇でマネジメント能力を発揮してもらいます。彼らには諸会議等の前に根回しを行い、本会議では、経営の目指す方向へ他の医師が協力するよう誘導してもらいます。

7 介護老人保健施設の運営や附帯業務の展開

(1) 介護老人保健施設の運営

　療養病床の転換による介護療養型老人保健施設の設置です。厚生労働省の介護療養病床の全廃方針、また医療療養病床の診療報酬減額等から病床転換が求められていて、新型老健と呼ばれています。療養病床を介護施設に転換する際の定員枠は撤廃されています。ただし、病床転換ではなく、新規に介護老人保健施設（従来型老健と呼ばれます）を設置して運営する場合、都道府県の定める計画数を超えての設置は許可されません。

(2) 附帯業務の展開

　附帯業務とは、有料老人ホームおよびサービス付き高齢者向け住宅事業であり、これらは医療法人に認められています。民間感覚の経営が要求されますので、医療法人ではむずかしいという意見もあります。逆に、医療法人だからこそ介護に強くて安心、事業体が病院で明確だから安全、罹病しても事業体の病院で治療や入院が可能であるとの連携性などから、入居者の信頼感が得られることを考慮するならば、事業として十分成立すると思われます。

　医療法人による特別養護老人ホームへの運営はまだ認められていませんが、検討された経緯があります。今後の動向は不明ですが、医療法人による特別養護老人ホームの運営が認められる可能性もあります。

8　コスト管理

(1)　提案コンペ方式の導入

　医薬品・診療材料費の購入の透明化やコストダウンを図るために、診療材料費に関しては入札あるいは提案コンペ方式を導入し、医薬品に関しては徹底した価格引下げ交渉を行うものです。これは経営管理部門が主体となり、一定の日に時間差を設けて業者を集結させ、医師も同席させてその意見も反映させながら実施をします。コストダウンも図れますし、医師や事務長と業者との癒着防止効果もあります。このとき、医師は自分の使い慣れた薬剤等にこだわりますが、複数の医師の意見を聴取し決定するようにします。

(2)　材料等の在庫圧縮

　診療材料で負担になるのは在庫管理です。普通は自前の倉庫・備品庫に保管・管理していますが、品目数も膨大なことから、管理が行き届かず無駄になったり、品切れを起こしたり、整理整頓や棚卸に時間がかかったりとさまざまな問題が起きます。そこで、病院敷地内に納入業者専用の簡易倉庫を設置し、そのなかに業者在庫として診療材料等を格納しておいてもらい、病院側は必要に応じてそこから出荷し使用します。業者は使用量をチェックし使用した分のみ病院に請求します。これにより病院側は在庫管理負担や院内在庫は少量で無駄がなくなり、コスト削減につながります。

(3)　設備の専門家の採用・配置

　設備の専門家を配置し、専門家による保守・点検を行います。これによりタイムリーな修繕が行われるようになり、また、修繕費は相見積りで専門家がチェックすることで大きくコストダウンができます。従来は、施設管理職

員が設備に弱いので、外部業者の言いなりになっていてもわかりませんでしたが、専門家がチェックすることで大規模な修繕ほど効果が顕著です。専門家は建設業界のプロで定年退職後の人材を嘱託採用し、人件費を抑えます。

(4) アウトソーシングの活用

　医療機関は規模の大小にかかわらず、なんらかの業務を外部に委託しています。委託の理由は運営費や設備費の削減と、機能や患者サービスの拡大です。
① 委託率が高い業務は、寝具洗濯、寝具賃貸、医療廃棄物処理、検体検査、院内清掃、設備保守点検等です。
② 委託率が伸びている業務は、患者給食、医療事務、院内情報コンピュータシステム等です。
③ 委託導入期にある業務は、滅菌・消毒、医業コンサルティング、院内部品管理、患者搬送、医療情報サービス等です。

　業務の外部委託状況は医療機関の規模や機能等により差がありますが、まだ外部委託の余地があります。病院業務のうち診療や患者入院に影響を与える業務の委託は、種類に応じて規則基準に適合する者に委託する必要がありますが、コストパフォーマンスで効果のある業務は、外部業者への委託を推進します。特に最近の傾向としては、病院管理業務受託事業会社への委託もふえてきています。主な受託内容としては、
① 総務や医療事務など、病院管理業務を担当する責任者の派遣を受けます。
② 経営情報管理等を目的とした、各種ITシステムの提供を受けます。
③ ニーズにあった診療科目の助言等を受けます。

(5) 共同購買等

　グループの医療機関で共同購買やシステム導入等により、医療器具やIT

費の削減をします。

(6) 高額医療機器の導入

　医療コンサルタント等（医療現場の豊富な経験者）の活用により、妥当な価格の検証と徹底した値引き交渉を行います。また、機器の導入に見合った収入がなければ借入金の返済ができないので、機器を利用する医師に収入確保の努力と責任を負ってもらいます。

VII 資金ニーズへの取組み

1　設備資金

(1)　建替資金

　病院の建物の老朽化に伴い、現在は25〜30年に一度という施設の建替えサイクル期に入っています。建替えをするには、

① 既存建物を解体し、現在地で新築をする場合は、再開まで収入は入らない一方で、人員確保のため人件費の支出は続くという問題があります。
② 現敷地の空きスペースに建設をする場合は、駐車場の確保に苦労する程度の問題ですみます。
③ 別途敷地を確保し移転することも選択のひとつです。この場合は、適当な敷地が確保できるかの問題があります。

　金融機関としては、ビジネスマッチングを利用して、工場跡地や地主の紹介に成功すれば融資は間違いなく取り扱うことができます。それと病院の移転跡地の売却のあっせんもできれば、跡地の購入先にも土地取得資金を融資することができます。

(2)　耐震工事資金

　新耐震基準以前の建物はもちろんですが、それ以降の建物でも地域の重要な医療機関として十分に機能することが求められており、耐震性検査を行って早急に対策をすることが望まれています。

(3) 改修資金

　一般病床を急性期病床や回復期リハビリテーション病床にする場合、1床当り面積を6.4平方メートル以上に広げる必要がありますので、それに伴う改修資金が発生します。

(4) 医療機器設置資金

　先進的で質の高い医療を提供するための高度医療機器を設置するための資金です。

(5) IT化資金

　院内業務の迅速化、効率化と患者待ち時間の短縮や安全確保の観点から、電子カルテ、オーダーリングシステム（処置・検査・処方等の指示を診療室等の発生源で入力するシステム）、画像システム（画像情報を接続してやりとりできるシステム）等の資金です。

2　運転資金

a　経常運転資金

　経常的運転資金は原則、不要ですが、医業未収金（診療報酬債権）の回収（60日以内）までのつなぎ運転資金は、資金繰り状態によっては必要になることがあります。

b　設備資金的運転資金

　設備導入の期間アンマッチングによる運転資金で、本来は超長期で調達すべき設備資金を中期・長期で対応すると、返済キャッシュフローが約定弁済金に不足し、運転資金が発生します。運転資金というよりは、実質的には設備資金の借換えという性質のものです。

c 賞与・納税資金

賞与資金は職員数も多いことから発生する確率は高い資金で、6カ月分割弁済で比較的安全度の高い資金です。納税資金が必要ということは、利益が大きく発生したということで、これも6カ月分割弁済で安心して取り組める資金です。

3 介護老人保健施設の設置資金

高齢化の進展、要介護者の増加に伴い「介護福祉施設」の社会的ニーズが高くなってきており、経営の安定化のためにも新たに設置するケースが多くなってきています。

詳しくは、「第3章 Ⅴ介護老人保健施設（従来型老健）」を参照してください。

4 有料老人ホーム、サービス付き高齢者向け住宅事業資金

「介護老人保健施設」同様、従来の有料老人ホームや新制度のサービス付き高齢者向け住宅に対するニーズもふえつつあり、医療機関も経営の多角化の一環として、これら事業に参入するチャンスです。詳しくは、「第3章 Ⅰ有料老人ホーム、Ⅱサービス付き高齢者向け住宅」を参照してください。

5 福祉医療機構の補完資金

病院事業には「福祉医療機構の医療貸付事業資金」が整備されています。設備資金から運転資金まで用意されており、かつ返済期間も比較的長期で金利も金融機関より優位にあるので、通常はこの資金を利用します。しかし、設備資金融資率は80％以内なので、20％は金融機関の資金を利用することに

なります。また、機構の融資が行われるまでのつなぎ資金が必要な場合があります。土地を先行取得するとか、建設費の前払資金とかです。

6　医療機関融資の考え方

　病院事業は、診療報酬の削減、療養病床の廃止、入院期間の短縮化、一般病床の削減など厳しい環境のなかにあり、経営戦略や経営改善が十分ではない病院では、赤字から脱却できずに苦労しているのも事実です。また、病院事業の融資は設備中心で、施設建替え資金、高額設備設置資金と融資額が大きいことから、慎重あるいは消極的になりがちです。

　しかし、マーケットという視点に立てば、景気に左右されず高齢化による需要増加の傾向であり、競合するサービスや海外流入・流出はありませんので、安定した市場といえます。しかも病院の新設や病床の増床は、都道府県の医療計画で総量規制が行われています。また、診療報酬単価は統一されており、価格競争はありませんので、医療単位に応じた安定的な収入が得られます。

　このような点から、一般企業より安定的業種という考え方ができるのではないでしょうか。さらに医療事業だけではなく、これから伸びる「介護福祉施設」や「高齢者向け住宅事業」も認められ、収益機会もふえています。要は、勝ち組あるいは経営改善で生き残っていける病院を目利きして融資をすればいいのです。融資するにあたっては、病院施設の担保に頼らずに（事業の特殊性から担保価値は限定的）、定量・定性面をしっかり目利きして判断することが重要です。

VIII 医療機関（病院・診療所等）の新規開拓

1　既存医療法人や個人医院先へのアプローチ

(1)　ピックアップ

① エリアの病院については、日常の営業活動のなかで把握します。
② 医師会（歯科医師会）名簿からリストアップします。
③ 病院年鑑からピックアップします。
④ 日本医療機能評価機構のホームページに「病院機能評価認証取得病院」が掲載されていますので、病院機能評価を話題に取り上げて訪問します。
⑤ 個人医院先は既存取引先からの紹介も効果的です。

(2)　決算届出書類の閲覧

① 都道府県の窓口で医療法人の決算届出書類（事業報告書、貸借対照表、損益計算書等）の閲覧がだれでも自由にできます。
② 都道府県の窓口は、「福祉保健部医療整備課」「福祉健康部医薬国保課」あるいは「県政資料センター」等さまざまですので、事前に電話で確認し、アポイントをとるなどして訪問するのがよいでしょう。決算届出書類を未提出の医療法人もあり、すべての先が完備されているとは限りません。
③ 新規訪問先の医療法人の財務データが得られますので、その内容から、
　ⅰ　開拓対象先として適当かどうか、

ⅱ　その医療法人に適した訪問ツールの選択、
　ⅲ　財務内容の問題点・改善点へのアドバイス等につき事前調査・事前準備をして効果的な訪問を行うことを心がけます。

　逆に、他行も自金融機関の取引先に同じことを仕掛けてきますので、長い取引に安住していると肩代わりされるという事態になりかねませんので、注意してください。

(3) 訪問前の事前情報チェック

① ホームページから情報を収集します。
　情報は、診療技能、スタッフ状況、看護サービス等、診療科目、病床数、医師・看護師の人数（規模把握）、手術実績、設置医療機器等です。
② 大手の病院は経済雑誌や医療機関誌等に病院ランク・手術実績等が掲載されます。
③ 地元の風評も大事です。「診察5分、待ち時間2時間」「○○先生は丁寧で親切だ」「先生がかわったら患者のいうことをよく聞いてくれなくなった」などです。

(4) 訪問活動

a　診療所（クリニック・医院等）

① 訪問時間帯は休憩時間帯あるいは休診日となります。診療時間は当然避けなければなりません。休憩時間帯に医師は昼食・昼眠・外出等をしますので、午後の診療開始時間の30分前程度のほうが面談できる可能性が高くなります。
② 訪問場所はまず診療所の受付を訪れ、看護師に先生への取次ぎを依頼します。医師ですから、資産運用等でインパクトある情報を持参して関心を惹起することを心がけます。
③ 医師よりも奥様が実権をもっている場合もありますので、それが判明し

た場合は、自宅を訪問し奥様に面談をします。婦人ですから渉外担当者の外見、表情、雰囲気などが嫌われると話が進まなくなります。爽やか、かつ俊敏で、銀行マンらしい姿勢が好感をもたれるポイントです。

b 病　　院

① 訪問する部署

　病院の規模により部署が多少違いますが、経理部（経理課）または総務部（総務課・庶務課）を訪問します。

② 訪問場所は診療受付になります。

③ 面談者は経理の責任者になりますので、事務長、経理部長（課長）、総務部長（総務課長）に面談を申し込みます。そのステップを経てから、理事長あるいは常務理事（経営実権者）に面談を依頼します。場合によっては、事務長や経理部長等に金融機関取引を委ねている場合もありますので、その時は彼らが権限をもっていることもあります。

④ 訪問時間帯としては、診療時間中は受付も混雑しており声がかけづらいので、一般的には午後の休診時間帯のほうが適切です。

2　新規開業先へのアプローチ

　病院は新設がなかなか認められない状況であり、新規開業は主として一人医師医療法人等の個人開業医が中心です。

(1) 開業情報の入手

① 提携公認会計士、税理士、医療コンサルタント等からの開業希望医師の紹介をしてもらいます。

② 地元医師会や既取引先医療機関からの情報を得ます。開業医は原則、地元医師会に加入しますので、開業にあたり地元医師会へ加入の事前ネゴをします。そこで、医師会の事務局とコミュニケーションが図れていれば情

報が聞き出せます。
③ 不動産業者や建設業者等からも情報を得ることができます。開業地を探すとか、医院および自宅の建設を請け負うとか、開業には必ず起きることなので、これらの取引先業者に恒常的にヒアリングすることです。
④ 開業予定広告
　ⅰ 土地に開業看板が提示してあるなら土地謄本を調査し、所有者を訪問します。所有権移転がまだすんでいなければ、現在の所有者から売却予定先を聞き出します。
　ⅱ テナント（医療モール・マンション・テナントビル）での開業の場合は、ビルオーナーや賃貸あっせん不動産屋に開業先を聞きます。
⑤ 取引先医療機関の勤務医から独立して開業する場合もありますので、事務長等からの情報を得て、自店テリトリー外の開業であれば僚店にトレースします。
⑥ 取引先の医療機関の医師（父）から息子の開業予定を聞き出します（親子の診療分野が違う場合は、息子が別途開業する場合が多い）。

(2) 新規開業予定先への訪問活動

① 開業情報のなかで居住地や勤務先等情報を入手し、本人と面談できるところまで出向きます。
② 早期に面談できなければ、開業準備のため医師が開業地を訪れる予定を聞き面談できるようにします。
③ これらができなければ、開業後のできるだけ早い時期に訪問面談にこぎ着けます。医師は金融に不慣れなので、開業にあたっての資金調達は医業コンサルタントが紹介した金融機関の言いなりで融資を受けている場合もあり、そこが肩代わりのねらい目です。

(3) 面談誘引手段

面談の入口で断られないための情報提供や融資提案等を行います。

a　資金提案

① 自行の医療機関向け融資商品の提案ツールを提示します。
② 大きな規模の病院の場合は、医療機関債による資金調達を提案してみます。実現の可能性はきわめて薄いのですが、そうした知識を保有してアプローチすることが、面談のきっかけとしては大切なのです。

b　新しい事業提案をする

　介護老人保健施設、あるいは有料老人ホーム、サービス付き高齢者向け住宅等の事業提案や情報提供ができることをアピールします。そのためには、介護福祉施設・高齢者向け住宅等に関する知識をある程度身につけておかなければなりません。

c　他医療機関の情報提供

　他の医療機関で取り組んでいる経営改革、CS等についての成功事例の情報提供をします。具体的には、

① 患者CS、医療システム、受付態勢、待合室整備、電子カルテ導入、病院評価機能の認証取得等の好事例
② 院内のコミュニケーション、効果的なチーム医療推進、院長・医師の意識改革等

の事例です。

Ⅸ 医療機関債（病院債）による資金調達

1 医療機関債

　医療機関債とは平成16年の厚生労働省の「医療機関債発行ガイドライン」に基づき、医療法人が民法上の金銭消費契約による借入れを行うに際し、借入金を証する目的で作成する証拠証券をいいます。有価証券ですが、金融商品取引法の有価証券には該当しません。

2 発行ガイドライン

①	出資法および医療法等に抵触しないこと
②	直前期を含め3年度以上税引前純損益が黒字で、経営成績が堅実なこと
③	原則として、自己資本比率20％以上を常時満たすこと
④	負債が100億円以上（医療機関債の発行を含め100億円以上となる場合を含む）である場合、または1回当りの発行総額が1億円以上もしくは購入人数が50人以上の場合には、外部監査が義務づけられ、公認会計士または監査法人の監査を受けること
⑤	資金使途は資産（無形固定資産を含む）の取得に限定され（病棟新・増・改築、高額医療機器の導入、電子カルテシステムへの移行、院内IT化のシステム投資等）、運転資金は不可であること
⑥	発行には、理事会・社員総会の決議が必要であること
⑦	利率条件は、発行予定日2カ月前発表の新発長期国債（10年債）利回りに1％上乗せしたものを標準利率として、その標準利率の2倍または標準利率に2％上乗せした率のいずれか低いほうを限度とすること

⑧　購入者により利率に差異を設けてはならないこと
⑨　購入者の範囲は、医療法人の役員や同族関係者等特定の同族グループに限定しないこと
⑩　債券の譲渡は制限し、制限下において譲渡する際に必要な手続を定めること
⑪　償還方式は期日一括または割賦償還とし、再度、医療機関債発行による調達はできないこと（期日時の借換えは不可）

3　発行形態

(1)　オープン型と総額貸付型

① オープン型は地域や職場の人が引き受ける方式で、購入者としては地元の中小企業・住民・地域銀行等を対象に公募します。

② 総額貸付型は金融機関がすべてを引き受ける方式です。

(2)　オープン型の発行例

① 発行金額：50百万円

② 金　利：2.6％

③ 資金使途：高度医療機械の購入資金

④ 引受者：医師・看護師を対象に公募

4　メリット

① 発行基準をクリアしていることで、財務の健全性・経営の透明性を患者や地域住民にアピールすることができます。

② 固定金利で長期安定資金の確保ができます。

③ 原則として、無担保・無保証での発行ができます。
④ 金融機関のメリットとしては、総額引き受けることで優良医療法人の囲い込みができます。
⑤ 引受者は預金よりも高金利で資金運用ができます。
⑥ 発行例のように、医師・看護師が引受者となれば、病院経営に対するモチベーションを高める効果が期待できます。

5　金融機関の考え方

　医療機関債というと、特殊な資金調達形態でノウハウ・経験がなければ取り扱えないものと決めてしまってはいけません。発行形態のうち総額貸付型は金融機関がすべてを引き受ける方式ですから、要は金融機関が証書貸付融資を行うことです。それならば、どの金融機関でも通常の融資で取り組むことができるということです。

　また、発行ガイドラインの条件を満たす病院は、財務内容の検証も行われていて、財務基盤の良好な病院ということです。もし、ライバル行から総額貸付型の医療機関債の提案があった場合は、面倒な手続をとらなくても自金融機関で通常の融資対応が可能なことを申し出ましょう。

　ただ、オープン型の発行も行われていますので、その場合は引受金融機関の一端に入らなければなりませんので、渉外担当者としては医療機関債の基本知識と関心をもちながら、医療機関訪問時に話題に取り上げられることが大事です。

X 医療機関の資金ニーズへのアプローチトーク事例

1 新規開拓先の医療機関のケース（行政機関で決算書類を閲覧してからの訪問）

◇事例1．老健施設・病院建替え資金のアプローチのケース
（経理責任者に面談、設立後32年経過）

Qお忙しいところ、お時間をいただきましてありがとうございます。金融機関として資金等を中心にお手伝いができればと思いますので、少しお話をお聞かせいただいてもよろしいでしょうか。

−差し障りのない範囲でならばかまわないけれども。

Qありがとうございます。早速ですが、平成22年の改定で診療報酬が引き上げられて、病院経営も少し改善されたといわれていますが、御病院はいかがですか。

−確かにプラスに働いてはいるけれども、それ以前の引下げが厳しかったから、まだまだ経営は大変だよ。

Qそうですか。素人考えで恐縮ですが、病気というのは一定的に発生しますから、医療は景気変動とは無縁で比較的安定的な事業と思っていましたが…。さらに、高齢化時代を迎えて高齢者医療も一段の増加が見込まれるのではないでしょうか。

−そうなんだけど、需要があったにしても要は単価がどうかという問題と、医療事業は人件費率が高く労働集約的な業種で、コストの削減が

なかなか困難な点もあるからね。それに、国の政策は社会保障費の抑制という方向に進んでいるから今後はどうなるか不透明だしね。

Q 先日、県庁で御病院の決算書を閲覧したのですが、御病院では総病床105床のうち、一般病床42床、療養病床63床となっていますが、療養病床のうち介護保険適用病床は何床ですか。

— 介護保険適用病床は40床だよ。

Q 介護保険適用療養病床については、社会的入院をなくすために厚生労働省が廃止の方針を打ち出していましたが、その影響はいかがですか。

— この病床を廃止するとなると、病院経営へのダメージだけではなく、入院患者の行き先がなくなり介護難民が発生してしまうよ。国民も困るんじゃないかな。

Q そうでしょうね。ただ、厚生労働省では、基準条件を緩和して療養病床の新型老健への転換を促しているようですが。その点について御病院はどうなさるのですか。

— 廃止については医療関係者の反対も強いので、ここにきて数年凍結されることとなり、タイムリミットは先延ばしされたんだ。ただ、いずれ再燃するだろうから、うちでも経営委員会では検討しているよ。しかし、介護報酬等の点で1～2割程度収入が減るので、躊躇せざるをえない。また、老健（介護老人保健施設、詳しくは156～168ページ参照）に転換するには基準条件の設備投資が必要になるしね。いまのところ他の病院とも情報交換しながら、様子をみているところだ。

Q それならば、新たな介護老人保健施設を開設して、収益の確保を図ったらいかがですか。福祉医療機構の資料をみますと、老健施設の経常利益率はこの3年間平均で8.5％程度となっていて、安定的な事業のようです。それに何といっても、老健施設は民間企業が参入できませんし、高齢化の進展でニーズも高い施設ではないでしょうか。

ーそうだね。ただ、この病院敷地では無理なのでどこかに用地を購入しなければならないけれども、簡単にはみつからないし、また地価の高い物件では借入金返済が大変になるし…。それに、老健施設入所定員数には県の総量規制があり、許可を受けないと自由に開設できないといった問題もある。

Q用地の問題なら、取得コストの安い市街化調整区域の用地の購入を検討したらいかがですか。当行は地主さんとの取引も多数ありますので、きっとご紹介できると思います。さらに、介護福祉施設の建設では定評のある建設会社とも取引がありますので、一度、青写真で事業計画を検討してみたらいかがでしょうか。当行も事業収支シミュレーションの検証の面でサポートさせていただきますから。

ーそうだね、一応理事長には話しておくよ。

Q総量規制があるならば、機会を逸すると次の見直しまで事業化が遅れることになりますよね。いつでもご相談に乗りますので、その節はよろしくお願いします。

ーそのような機会が到来したら、お願いしますよ。

Qわかりました。話は変わりますが、病院開設後32年経過していて、バランスシート上の建物簿価も相当償却が進んでいるようですが。

ーこれも頭の痛い問題で老健施設よりも優先度が高いよ。建物の老朽化もそうだけど、空調、水周りの修繕や非効率設備によるランニングコストの問題などもあり、建直しの時期にはさしかかっている。

Q綺麗に改装はされていますけど、やはり年月が経つと傷んでくるのですね。もし、建て替えるとしても、この敷地では余裕がないようですが、どうなさるのですか。

ーこの近くに用地が確保できれば、そこに新病院を建設して移転できればいちばんいいのだが。

Qその場合は、現在地は売却するということになりますか。

－そうだね。それを新用地取得費に充当するわけだから。

Q じゃあ、新用地の購入と現在用地の売却との斡旋が必要ですね。新用地の広さはどの程度必要ですか。また、近隣とのことですが距離的にはどこまでの範囲でしょうか。病院側でも、いろいろとお探しになっておられるので、簡単にはみつからないかもしれませんが、当行としてのルートもありますので心がけてみます。また、跡地の売却に関しても、当行のビジネス・マッチングルートを使っての紹介や優良なデベロッパーの斡旋などのご支援ができます。ぜひ、ご利用してください。

－それは、ありがたいサポートなので、用地に対する病院のニーズをまとめておくよ。しばらく時間が必要だから、そのうち時間があったら寄ってください。

Q それから、用地の問題に関しては、借地ということはお考えになったことはありますか。

－それは考えたことがないな。

Q 平成20年から借地借家法が改正されて、事業用定期借地権の期間が10年以上50年未満の範囲で設定が可能になりました。この方式だと地主も用地を売却せずに土地の有効活用が図れるので、双方のニーズが一致する可能性も高いと思います。病院だけではなく、先ほどお話しました介護老人保健施設も可能です。

－でも、借地というと借り手側の権利が不安定とかそういった問題はないのかね。また契約期間が終了したらどうなるのかな。

Q すでに、ショッピングセンター、店舗、工場などで実際に活用されていますし、借地人の契約期間等の権利も保護されています。次回お伺いするときは、事業用借地権の詳しい資料をおもちしますのでご覧になってください。また、必要があればいつでも理事長・常務理事にもご説明いたします。

―急な話なので、まずは仕組みをゆっくり理解することから、はじめましょうよ。

Q そうですね。いろいろ申し上げましたが、当行の御病院をサポートできる機能について、関心をもっていただければ幸いです。本日はありがとうございました。

◇事例２．長期資金借換え提案のケース（常務理事に面談、設立後13年経過）

Q お忙しいところお会いいただき、ありがとうございます。当行も過去何度かお寄りしたことはあるようですが、いまだお取引に結びつきませんので、**本日こうして再度お伺いしました。**

―おたくは融資に慎重だと他から聞いているから、あまり興味がないんだ。

Q そうでしたか、決してそのようなことはないと思いますが、そんな風評があるとは知りませんでした。これからも地域発展に取り組む金融機関として努力しますので、ぜひご支援ください。

―うちも実際に、融資のお願いをしたわけではないから、本当のところはわからないけど。

Q そうですよね。実はその融資の件で、ご提案があって参りました。先日、御病院の決算書を県庁で閲覧させていただきましたところ、○○年度で長期借入金残高が４億5,000万円となっていますが、この大半は病院開設時の土地・建物資金でしょうか。

―直近決算では長期借入金残高は減少して４億2,000万円になっているよ。そのうち開設時の設備資金は4億円程度だろう。

Q そのご返済期間はあと何年程度でしょうか。

－確か12年残っているんじゃないかな。

Q とすると、年間返済額はだいたい3,000万円ぐらいになりますか。

－他の長期借入金もあるから、年間返済額は4,000万円近いだろう。

Q 不躾な質問をいろいろとして申し訳ありません。御病院の３年間の決算書を拝見すると、平均利益2,000万円、減価償却費は３年間の有形固定資産の減少額から推測をして800万円程度と思われますが、いかがですか。

－まあ、そんなところだろうね。

Q 長期借入金の返済財源は利益プラス減価償却費といわれますので、毎年2,800万円が返済財源としますと、年間4,000万円の返済だと少し資金繰りが窮屈ではありませんか。

－確かに、そういう点はあるな。

Q そもそも長期借入金の返済期間というのは、返済財源に見合った期間が適正なのですから、御病院はそれがアンマッチングの状態ですよね。そこで、長期借入金を一本化して期間16年程度への借換えを検討してみたらいかがでしょうか。

－そういわれれば、そうなんだけれども。借換えといっても簡単なことではないし、いろいろ条件もあることだろうしね。

Q 当行では、病院向けの融資商品としてメディカルローンがございます。金利については、通常の融資金利よりも優遇された体系としておりますので、次回に、具体的にご提案させていただきたいと思います。

－金利が低ければ低いほど助かる。この低金利の時期に、長期・固定金利で調達できるなら魅力はあるけどね。

Q 金利は変動・固定どちらでもご用意しておりますが、低金利時代が長期にわたると考える企業は、より低金利の変動制を選ぶ方も多いですが、先行きはわかりませんので御病院のご意向次第です。

ーすぐにとはいかないけれども、考えてはみるよ。総務部長にも指示しておくので、もう少し具体的に詰めてみて。

Qはい、そうさせていただきます。つきましては決算書類も正式に頂戴したいのですが、担当部長にお願いしてもよろしいですか。

ーかまわないよ。経理部長に伝えておくから。

Qそういえば、御病院は"人間ドック"もやってらっしゃいますよね。

ー7年前から、1日・半日の2コースを実施しているけど。

Q企業と提携して、その社員の健康診断を囲い込むといったケースもみられますが。

ーもちろん、うちでも力を入れているところだ。

Q今回のお話を機に、当行も地元中小企業のご紹介にも協力したいと思います。できれば、パンフレットとか何か、企業に持参できるものがあればいただきたいのですが。

ーそれは、ぜひともお願いしたい。事務長のところで対応しているので、これから引き合わせするよ。

Qそれでは早速ご挨拶に参ります。本日は、ありがとうございました。

◇事例3．高度医療機器の購入を検討している病院のケース
（事務長に面談、設立後15年経過）

Qお忙しいところお時間をいただきまして、ありがとうございます。事務長というお立場では何かとお忙しいのではありませんか。

ー職員が少ないうえに、事務長の仕事は医療事務だけではないからね。患者からの苦情受付、未払い治療費の回収、行政への報告書、さらに備品・施設管理等も担当している何でも屋だから。

Qそれは大変ですね。

―まだまだ、それだけじゃないよ。医師・看護師からの要望や苦情の対処・調整、それに常勤・非常勤医師の確保などもあるしね。

Qそうでしたか。思ったより大変なのでびっくりしました。もっとも大変な分、お給料も高いのでしょうから。

―とんでもないよ。雀の涙プラス蚊の涙程度だよ。銀行員がうらやましいよ。

Qいえいえ、毎日目標に追われ、成果主義でボーナスも削られどこも似たり寄ったりですよ。

―そうかね。こうした時代だからしょうがないか。

Q病院事業では、高度医療機器の導入、院内業務の効率化や患者待ち時間の短縮などを目的としたＩＴ化、東日本大震災から耐震化の見直しなどの設備資金ニーズが起きているようですが、御病院はいかがですか。

―まさに、それでいま、頭が痛い問題を抱えてるんだよ。

Qといいますと？

―高度医療機器なんだよ。大学病院にお願いしてやっと、実績のある先生を招聘することができたんだが、この先生が診療に必要ということで、より高度な医療機器の設置を要望しているんだ。

Q治療に効果があるなら、購入したらよろしいのでは…。

―そうなんだけど、なにせ7,000万円もする機器だから、簡単には…。

Q機器はその先生のみが利用されるものですか。

―いや、もちろん他の診療科目でも共通して使用できるのだけれども。

Qそうでしたか。過去に、これと似たようなケースの話を聞いたことがあります。お役に立つかどうかわかりませんが、参考までにお聞きください。その病院ではどうしたかというと、まず１点は、納入業者と徹底的に値引き交渉をしたということでした。病院仲間から情報を仕入れて、競合他社との相見積りを実施し、さらに"Ａ社のほうが低い

が、B社がより低い価格を出すなら考える"と手法を駆使した結果、通常より30％程度低い価格で購入したと豪語していました。もうひとつは、この機器導入に伴う借入金返済原資のための診療報酬を医師に確保してもらうということでした。

−ずいぶん強烈だけれども一理あるね。それから診療報酬の確保という点での対処はどうしたの。

Qはい、全医師参加の経営委員会で、この返済原資捻出にどの程度の診療報酬が必要か、また病院や医師1人当りの収入状況等を「全国公私病院連盟の病院経営実態調査」等のデータと比較して、どういった点が劣後しているのか、具体的数字を作成して説明したそうです。そうして、要望の機器を購入するには、各医師とも病院経営への協力が必要なことをお願いしたそうです。

−なるほどね。それで効果はあったの？

Q医師もプライドがあるので、自分の成績が悪いということにならないよう、皆さんが努力してくれたので想定したより診療報酬アップの効果があったということでした。かつ、患者に対する医師の接患態度も改善され、評判もよくなったということでした。

−うちでも、そうしたことは必要だとは理事とかねがね話はしているのだけれども、今日は参考となる話を聞けたよ。

Q医業に素人の私ではたいしてお役にも立ちませんが、機器購入という段に至ったら、ぜひとも当行の資金の利用も検討してください。メイン行や福祉医療機構の融資との比較もあるでしょうから、当行も思い切った融資条件を提示したいと考えていますので、よろしくお願いします。

−そのときには、必ず声をかけるから条件がんばってよ。

Qはい、本日は融資のチャンスを与えてくださいましてありがとうございました。

2．既存取引先の医療機関のケース

◇事例．高齢者向け住宅事業の提案セールスのケース（理事長に面談）

Q 理事長、こんにちは。先週の日食はご覧になりましたか？　私は、出勤途上だったので残念ながら直接みることができませんでしたけど。
－孫も含めて家族全員でみたよ。
Q それは何よりでしたね。今日お邪魔しましたのは、サービス付き高齢者向け住宅制度が改正されて以来、有料老人ホーム・高齢者向け住宅があらためて脚光を浴びていて、病院でも附帯業務として参入するところも出てきたということですが、理事長のところでの事業化はいかがかと思いまして。
－仲間うちでも時々、話題にはなるよ。貴方も知っているように、当病院は介護保険適用療養病床を一昨年新型老健に転換していて、高齢者・要介護者事業に対する経験も積んできているし、興味はもっているよ。
Q そうですか。先日調べてみましたら、2025年には、高齢者人口は約3,600万人で、要介護者は800万人との推計値が出ていました。これをみると、高齢者や要介護者に対する居住系・介護福祉系施設の必要性は増していくことは間違いありませんね。御病院は事業も堅調に推移していますが、事業多角化の一貫として高齢者向け住宅事業を具体的に検討なさったらいかがですか。
－そうだね。ただ、漠然とした知識しかもっていないので、サービス付き高齢者向け住宅とか有料老人ホームとかいわれても、何がどう違う

のか、仕組みや運営方法など、まずは概略を理解しないと…。事業としてのリスクはあるし、用地の確保といった根本的な問題もあるしね。

Qおっしゃるとおりです。私の勉強した知識でお話させていただくと、サービス付き高齢者向け住宅は"高齢者住まい法"に基づく「高齢者向けの賃貸住宅」で、規模・設備、提供サービス、入居に関する契約関係等について基準が設けられていて、その基準を満たす住宅は知事の登録を受けることができます。登録が受けられると国の建築費補助や税制の支援措置が受けられますので、事業者にとってはメリットがあります。そのために、建設業界が建設受注の絶好のチャンスとして積極的に事業化を働きかけています。一方、有料老人ホームは、"老人福祉法"に基づく高齢者向け住宅ですが、特に介護付有料老人ホームが中心です。特別養護老人ホームや介護老人保健施設の不足から、要介護者の入居ニーズは高いものがあります。有料老人ホームというと高額な入居一時金のイメージを浮かべる方も多いようですが、現在は入居一時金も比較的リーズナブルなものから高額なものまで多様化しています。入居一時金が低額とか、または必要ないというホームでは、その分居住費・管理費が割高だったりしますので、事業化にあたっては十分に検討しなければならないと思います。

－ずいぶん、詳しいね。他行でそのような話をしてくれたところはないよ。検討するなら君のところがいいね。

Qありがとうございます。当行では本部に「高齢者住宅・介護施設事業グループ」がありまして、われわれに対する勉強会を実施していますから。もちろんグループの主な役割は、事業化を考えている先にお伺いしてより具体的・専門的な相談に乗らせていただくことです。ぜひ、ご利用ください。

－そのうちお願いするかもしれないが、事業化するにしても、用地と

いった根本的な問題もあるからね。

Q そのご心配は当然ですよね。理事長ご存知でしょうか、大手の○○事業者は、用地を取得して事業展開を図っていては初期投資の資金負担が重いので、かれらは用地を取得しないで地主に住宅を建設してもらってそれを賃借するとか、定期借地権方式の土地賃借により、事業者がホームを建設するとかの方法をとっています。

― なるほど、そんな方法もあるんだね。それだと用地を取得せずにすむので、選択肢は広がるね。

Q 個人的見解ですが、病院がこうした事業を手がけた場合、利用料等の諸条件に大きな差異がなければ入居ニーズは高いのではないかと思っています。その理由として、ひとつは経営母体が病院ではっきりしていること、かつその病院の経営状態は県庁で調べられることで信頼感が得られること、もうひとつはどんな住宅・施設であっても介護サービスが大きな問題になるわけですが、その点において病院は安心感が強いこと、また入居者が病気に罹ったとき、母体の病院で治療・入院を受けやすいこと、などです。

― そういう観点からすると、病院が事業者の場合は、他企業よりも信頼感は高いかもしれない。だとすると一度、検討してみる価値はあるようだから、そのうち本部のグループの方々にも相談してみたいね。

Q わかりました。当行として事業化、用地紹介等について全面的にご支援いたします。

― よろしく頼むよ。

第2章

介護保険制度と介護サービス

金融機関が介護福祉施設および高齢者向け住宅事業の融資を取り扱うにあたっては、事業者から提出される事業計画に基づく定量面（収益）の検証とともに、定性面（事業活動の仕組み・マーケット・競合状況等）もよく調査することが重要です。定量面の最大のポイントは収入に直結する入所率であり、これが高位安定的であるならば収益は確保され、融資返済にまず懸念はありません。そこで、入所率の見込みについて、いろいろな角度からの検討が必要になりますが、このとき大切なのは利用者の視点に立つことです。

　自分あるいは家族が自立困難となり介護サービスを利用する必要が生じたときの場合を考えてみましょう。介護状態が軽い間は、自宅で訪問・通所系の介護サービスを利用しながら家族が面倒をみることもできますが、介護状態が重くなると自宅での介護は困難になります。そのときの理想は、良い環境の施設において包括的な介護サービス（食事、入浴、排せつなどの生活上の支援とレクリエーション、機能訓練など）を受けながら生活が送れることです。そして、高齢で介護度が重くなるほど「終の棲家」としての位置づけも考えなければなりません。

　それではどの施設でもいいかというと、施設の種別により住宅費（いわゆる家賃・管理費）等の費用が大きく違いますので、経済的な理由からは費用の低い施設に希望が集中します。また、利用者は経済的理由だけではなく、介護サービスの内容、入所基準、入所期間などの要因も含めて施設を最終的に選択します。

　そこで、介護保険制度や介護保険サービスの概要、各施設の介護の仕組み・特徴・利用料、施設間の競合関係の有無、要介護者等の今後の発現率、高齢者・要介護者等に対する国の方針・施策などの点についても理解を深めることが大切です。

Ⅰ 介護保険制度

1 背　景

　戦後のベビーブーム世代が2015年に65歳という高齢化時代を迎え、老後の最大の不安要因である介護を社会全体で支える仕組みの構築の必要性に迫られました。国は「ゴールドプラン計画」のもとに、介護を医療保険から切り離して（医療と介護の分離）、社会的入院を解消するために条件を整備することにしました。それまでは、長期療養、といっても実態は介護が必要な高齢者は、療養病床等に入院しその費用は医療保険でまかなわれてきましたが、医療費の増加が財政を圧迫するという問題が生じました。そこで、新しい社会保険方式により給付と負担の関係を明確化し、高齢者の「尊厳を支えるケア」と「自立の支援」を目指すという基本方針のもと、2000年4月より介護保険制度がスタートしたのです。

　特徴は、介護保険サービスを提供する事業者（指定居宅サービス事業者）に営利企業およびNPO法人等の参入が認められたことです。

2 仕組み

(1) 被保険者

　40歳以上のすべての国民が加入する社会保険で、65歳以上の者および40歳以上65歳未満の医療保険加入者が被保険者となります。

(2) 保　険　料

① 65歳以上の人：基準額×所得段階保険料率
② 40歳以上65歳未満の人：
　ⅰ　職場の健康保険加入者は、給与・賞与×介護保険料率
　ⅱ　国民健康保険加入者は、所得割（所得段階保険料）＋均等割

(3) 介護サービスの対象者

① 介護保険で介護サービスを受けられる人（受給権者）は、65歳以上の要介護者・要支援者および40〜65歳未満のうち痴呆・脳障害等の老化による特定疾病が原因で介護が必要な者で、要介護・要支援の認定を受けた人です。
② 65歳以上の人はケガ等で介護が必要となった場合でもサービスは受けられますが、40〜65歳未満の人はケガといったような特定疾病以外の原因は対象外です。

(4) 介護認定

　介護が必要な人は、市町村窓口や地域包括支援センターに相談します。市町村から委託を受けた調査員が本人・家族と面談し、心身の状態等につき聞き取り調査を行うとともに、かかりつけ医師による主治医意見書を提出し、市町村の介護認定審査会で判定を行います。判定は、介護度により「要介護1〜5」「要支援1・2」の7段階となります。

　要介護・要支援の認定は状態区分に応じて有効期間（新規申請の場合は6カ月が上限、更新の場合は12カ月が上限）があり、更新の申請時にあらためて要介護・要支援の区分を認定します。

　なお、有効期間の途中でも、要介護・要支援状態に変化が起きたときは、区分の変更の認定申請を行うことができます。

(5) 介護サービスの利用

　要介護および要支援の認定を受けた者が、介護保険で定めているさまざまなサービスを利用することができます。

　サービスには「介護サービス」と「介護予防サービス」がありますが、「介護サービス」は要介護者（要介護1～5）が利用することができるサービスで、「介護予防サービス」は要支援者（要支援1・2）が介護の予防を目的として利用することができるサービスです。

　サービスの利用料はサービスの種別と要介護度等により定められていて、利用料のうち9割は介護保険でまかなわれ、1割が利用者の自己負担となります。利用額の上限が定められているものは、その上限額を超過した分については全額利用者の自己負担となります。

Ⅱ 介護サービス事業の概要

1 介護サービス事業者とは

　高齢者が加齢に伴って生ずる心身の変化や疾病等により要介護等（要介護・要支援）の状態になったときに、要介護者等の能力に応じて自立した日常生活を営むことができるよう、必要な介護サービス（保健医療サービスおよび福祉サービス）を提供する事業者です。

　そして、介護保険法に基づく介護サービスを提供し、介護サービス費に対する介護保険の給付（介護報酬）を受けることができるのは、「指定居宅サービス事業者」と「介護保険施設」です。

　「指定居宅サービス事業者」となるには、都道府県知事の指定を受ける必要があります。指定の要件は、
① 指定居宅サービス事業者は法人であること
② 厚生労働省が定めるところの基準（サービスに従事する員数、事業設備・運営等）
を満たしていることなどです。

2 介護保険によるサービスの形態

　サービスの形態としては、「施設サービス」「居宅（在宅）サービス」「特定施設サービス」「福祉施設系サービス」「地域密着型サービス」に大きく分けられます。

要介護者の介護度の状態、在宅での家族介護の負担度、要介護者世帯の経済状態などにより、どのような介護サービス（内容・質・量）を、どのような施設で、どの程度の費用で受けられるかにより介護サービスを選択することになります。

3　施設サービス

　介護保険施設は介護保険法の対象施設とされています。この施設における介護サービスは「施設サービス」と呼ばれ、その施設内で施設の職員により食事、入浴、排せつなどの生活上の支援とレクリエーション、機能訓練など、日常生活から介護まで「生活丸ごと」の包括的な介護サービスが提供されます。
　介護保険施設とは、次の3種類です。
① 　介護老人保健施設
② 　（指定）介護老人福祉施設（特別養護老人ホームのことです）
③ 　（指定）介護療養型医療施設
　介護老人福祉施設・介護療養型医療施設に指定との表示がされることがありますが、これは介護保険制度の施行により介護保険法の指定施設となったからで、通常は介護老人保健施設・介護療養型医療施設と呼んでいます。介護老人保健施設に指定とつかないのは、介護老人保健施設の開設根拠が介護保険法のなかに規定されており、あらためて指定の必要がないからです。

4　居宅（在宅）サービス

　自宅等に住んでいて介護サービスが必要になった場合は、外部のケアマネジャーに介護計画の作成を依頼し、利用者が外部事業者と契約を行い自宅で介護サービスを受けたり、あるいは介護サービス事業所に通所したりするこ

とで、食事、入浴、排せつなどの生活上の支援とレクリエーション、機能訓練などのサービスが提供されます。

(1) 訪問系サービス

a 訪問介護・介護予防訪問介護

ホームヘルプサービスと呼ばれ、居宅での入浴、排せつ、食事等の介護やその他の日常生活の世話等のサービスが提供されます。

b 訪問入浴介護・介護予防訪問入浴介護

居宅を訪問し、浴槽を提供して行われる入浴介護サービスです。

c 訪問看護・介護予防訪問看護

看護師等の医療従事者が居宅を訪問して、病状の観察、床ずれの処置、医師の指示による診療の補助業務、リハビリテーション等の看護サービスが提供されます。

d 訪問リハビリテーション・介護予防訪問リハビリテーション

通院が困難な要介護者に対して、理学療法士等の専門家が居宅を訪問し、心身の機能の維持回復や自立支援のためのリハビリテーションのサービスが提供されます。

(2) 通所系サービス

a デイサービス(通所介護)・介護予防通所介護

デイサービスセンターに利用者が日帰りで通い、そこで入浴や食事、機能訓練や日常生活訓練などのサービスが提供されます。

b デイケアサービス(通所リハビリテーション)・介護予防通所リハビリテーション

介護老人保健施設や医療機関などのデイケアセンターで、食事や入浴、機能訓練などのケアサービスが提供されます。

c　ショートステイ（短期入所生活介護・介護予防短期入所生活介護、短期入所療養介護、介護予防短期入所療養介護）

① 　短期入所生活介護・介護予防短期入所生活介護

　　在宅において一時的に介護を受けることが困難になった者が、短期に特別養護老人ホームなどの施設に入所し、介護や日常生活のサービスが提供されます。特別養護老人ホーム、養護老人ホーム、介護老人保健施設等に併設され、一体的に運営される場合が多いです。

② 　短期入所療養介護・介護予防短期入所療養介護

　　介護老人保健施設や介護療養型医療施設などに短期間宿泊し、医学的な管理のもとでの介護や看護、機能訓練などのサービスが提供されます。

5　特定施設サービス

　居住サービスの一種です。施設において特定施設入居者介護・介護予防特定施設入居者介護サービスとして、その施設内において食事、入浴、排せつなどの生活上の支援とレクリエーション、機能訓練などのサービスが提供されます。主な特定施設としては、

① 　介護付有料老人ホーム
② 　サービス付き高齢者向け住宅

があげられます。

　介護付有料老人ホームやサービス付き高齢者向け住宅等の施設内において介護サービスを提供し介護保険の給付を受けるには、特定施設入居者生活介護・介護予防特定施設入居者生活介護の都道府県知事の指定を受けることが必要です。これらの指定を受けた施設を特定施設と呼びます。指定にあたっては総量規制があり、市町村の意見を聴取し決定しますので、まず市町村に事前相談をします。

　特定施設サービスには一般型（包括型）と外部サービス利用型がありま

す。

a 一般型（包括型）

① 施設のケアマネジャーが介護サービス計画を作成し、これに沿って施設内の職員により食事、入浴、排せつなどの生活上の支援とレクリエーション、機能訓練などの介護サービスが包括的に提供されます。

② 介護サービス利用料は日額が決められており、9割は介護保険でまかなわれ、1割が自己負担となります。

b 外部サービス利用型

介護サービス計画の作成等は基本サービスとして施設職員が実施します。介護サービスは施設が外部のサービス事業者と契約することによって、それぞれの入居者の必要に応じたサービスが提供されます。つまり、外部事業者による訪問介護、訪問看護、訪問入浴介護、訪問リハビリテーション、通所介護、通所リハビリテーション等の居宅（在宅）サービスが提供されます。

外部サービス利用型の特徴は、入居者が外部サービスを行う事業者と契約するのではなく、施設が外部サービスを行う事業者と契約する点にあります。

基本サービス費用は介護保険の対象となりませんので全額自己負担です。介護サービスの利用料は1カ月の上限額が定められており、限度内の利用料は9割が介護保険でまかなわれ、自己負担は1割ですみますが、この限度を超過した部分については全額自己負担となります。介護度が重い場合などは、入居者の負担額が大きくなるおそれがあり、入居者にとりメリットが少ないため全国でも数が少なく、今後もふえていくかは疑問です。

6　福祉施設系サービス

(1)　軽費老人ホーム

　A型とB型があり、家庭環境、住宅事情等の理由により在宅生活が困難になった60歳以上の自立した単身または夫婦の場合は、どちらか一方が60歳以上の高齢者が低額な料金で入所し、食事の提供その他日常生活上必要な便宜を受けることができる施設です。A型は食事サービスの提供があり、B型は自炊です。入所後に介護等を必要とする状態になった場合は、訪問看護等の居宅サービスが受けられます。社会福祉法人や市町村の運営が主です。

(2)　ケアハウス

　軽費老人ホームの一種類ですが、60歳以上の者、夫婦の場合はどちらか一方が60歳以上かつ身体機能の低下または高齢のため独立して生活するには不安がある者で、家族による援助を受けることが困難な者が利用できる施設です。食事サービスの提供、入浴サービスの提供のほか、緊急時の対応機能も備えています。介護等を必要とする状態になった場合は、特定施設入居者生活介護サービスが受けられます。社会福祉法人や市町村の運営が中心です。

(3)　養護老人ホーム

　経済的に問題があり一人で暮らしていくことがむずかしい環境で、身体や精神の機能が大きく衰えていない65歳以上の高齢者を入所させて、養護することを目的とする施設です。介護等を必要とする状態になった場合は、居宅サービスが受けられます。ほとんどは市町村の運営です。

7　地域密着型サービス

　地域密着型サービスは、認知症高齢者や独居高齢者の増加等をふまえ、高齢者が要介護状態となっても、住み慣れた地域で生活を継続できるようにとの観点から平成18年に創設されました。介護保険事業者の指定・監督は都道府県知事が行っていましたが、地域密着型サービスの事業者の指定は市町村長が行います。ただし、市町村が指定しようとするときは知事に届けなければなりません。また、事業者指定とともに、指導および監督についても市町村が行うことになります。しかし、市町村が定める介護保険事業計画に基づく地域密着型サービスの利用定員数を超えるときは、認知症対応型共同生活介護・地域密着型特定施設入居者生活介護・地域密着型介護老人福祉施設入所者生活介護について、市町村は事業者の指定を行わないことができます。

(1)　居宅（在宅）サービス

a　認知症対応型通所介護・介護予防認知症対応型通所介護（デイサービス）
　日常生活に必要な入浴・排せつ・食事などの介護など身の回りの世話や機能訓練を施設などで受けるサービスで、認知症の者が対象となります。

b　夜間対応型訪問介護
　通報に応じて介護福祉士などに来てもらったり、夜間の定期的な巡回訪問を受けることのできる介護サービスです。

(2)　施設系サービス

a　認知症対応型共同生活介護・介護予防認知症対応型共同生活介護（グループホーム）
　認知症の者に対し、その共同生活を営む住居において、食事、入浴、排せつ等の介護その他の日常生活の世話、機能訓練および療養上の世話を行う

サービスです。主に、特別養護老人ホームやデイサービスセンターなどの介護施設で実施されています。

b　小規模多機能型居宅介護・介護予防小規模多機能型居宅介護（小規模多機能型ホーム）

　介護が必要になっても、住み慣れた家・地域で安心して生活できるように、「通い」を中心に「泊まり」「訪問」の三つの介護サービス形態を組み合わせて、24時間切れ間なくサービス利用することができるのが特徴です。1事業所当りの登録定員25人以下、「通い」の1日当り定員15人以下、「泊まり」の1日当り定員9人以下の利用ができますが、登録者しか利用できません。介護が必要な状態のときには、小規模多機能型居宅介護として、通所（通い）・入所（泊まり）・居宅（訪問）サービスを受けます。営利法人の運営も多くみられますが、施設を単独で新設するよりは、既存物件（寮・社宅・民家改造等）の賃借、あるいは有料老人ホーム・グループホーム等その他施設の併設による運営が主となります。

c　地域密着型特定施設入居者生活介護

　地域密着型特定施設は介護有料老人ホーム・ケアハウスなどで、入居者が要介護者に限られる介護専用型で入居定員が29人以下の施設のことです。入居している要介護者に対し食事、入浴、排せつ等の介護その他の日常生活の世話、機能訓練および療養上の世話を行うサービスです。

d　地域密着型介護老人福祉施設入所者生活介護（小規模特別養護老人ホーム）

　入所定員が29人以下の特別養護老人ホームに入所した要介護者に対し、食事、入浴、排せつ等の介護その他の日常生活の世話、機能訓練および療養上の世話を行うサービスです。

　シルバーハウジングと呼ばれる住宅がありますが、これは主に所得の低い高齢者向けの公的な賃貸住宅で、生活援助員が見守りや生活相談の

対応をするもので、介護保険の対象施設ではありません。

III 介護保険サービスの利用料

1 利用料の基準

　サービスの利用料（介護サービス事業者にとっては介護報酬）は、
① 介護サービスの種類・内容
② 要介護・要支援状態の区分
③ 施設サービスは施設区分
などの要因により、「サービス単位」が決められており、単位数×1単位の単価（基本10円）で計算されます。

　ただし、人件費や賃料の地域格差を考慮して、市町村地域区分による加算額（例：地域加算による単価10.23円等）が設けられており、利用料は地域により違います。

　介護保険の適用を受けるサービス利用料には1日当り定額（日額型）と1カ月当り上限額（月額型）があります。
① 日額型は介護保険施設や特定施設等で受ける包括的な介護サービスで、1日当りのサービス利用額が定額となっていて、日額×利用日数で計算されます。
② 月額型は1カ月間の利用額に限度額が定められています。訪問系や通所系では利用のつど、サービスの種類や利用時間・回数により利用料が発生しますが、この合計額に上限が設けられています。

　基本的には介護保険による介護サービスを利用したときの利用者の自己負担は、サービスにかかった費用の1割で、残りの9割は介護保険から給付さ

れます。ただし、月額型の場合は、上限の範囲内でサービスを利用した場合の利用者の自己負担は1割ですが、上限を超えてサービスを利用した場合は、上限額の超過分は全額自己負担となります。また、介護サービスの対価は3年ごとに改定されます。

2　主な介護サービス費の目安

地域加算により市町村の額が異なるので、ある市の例をみてみます。なお、訪問系・通所系の介護サービス費の月額限度については、参考に基本限度額も掲載しました。

(1)　居宅サービス

① 訪問系・通所系介護サービスの月額限度

(（　）内は自己負担の1割の金額、金額単位：円)

	K市	基本限度額
要介護1	167,800 (16,780)	165,800 (16,580)
要介護2	197,200 (19,720)	194,800 (19,480)
要介護3	270,800 (27,080)	267,500 (26,750)
要介護4	309,700 (30,970)	306,000 (30,600)
要介護5	362,600 (36,260)	358,300 (35,830)

	K市	基本限度額
要支援1	50,300 (5,030)	49,700 (4,970)
要支援2	105,300 (10,530)	104,000 (10,400)

② 小規模多機能型居宅介護の月額限度

(( ) 内は自己負担の1割の金額、金額単位：円)

要介護1～5	要支援1・2
117,500～289,073 (11,750～28,908)	45,941～82,188 (4,595～8,219)

(2) 施設サービスにおける1日当り定額

(( ) 内は自己負担の1割の金額、金額単位：円)

	要介護1～5	要支援1・2
介護老人保健施設（多床室）	8,511～10,700 (852～1,070)	要支援者は入所できません
特別養護老人ホーム（多床室）	6,659～9,544 (666～955)	
特定施設	5,841～8,705 (585～871)	2,076～4,797 (208～480)
グループホーム	8,501～9,207 (851～921)	8,501（要支援2のみ対象） (851)

Ⅳ 介護福祉施設・高齢者向け住宅事業のマーケット動向

1 高齢化および要介護者等の状況（人口問題研究所、国民生活基礎調査、国勢調査、国民生活白書、高齢社会白書等）

いずれの表からも高齢化と要介護対象者が急速にふえてきていることがわかります。

① 高齢者人口

	2007年	2030年	2055年
総人口	12,777万人	11,522万人	8,993万人
65歳以上人口 （総人口に占める割合）	2,745万人 (21.5%)	3,667万人 (31.8%)	3,647万人 (40.6%)
うち75歳以上人口 （総人口に占める割合）	1,270万人 (9.9%)	2,266万人 (19.7%)	2,387万人 (26.5%)

② 高齢単身・夫婦世帯の状況

	2010年	2020年
高齢単身・夫婦世帯数	1,000万世帯	1,245万世帯

③ 高齢者世帯（65歳以上の者のみ）の所得状況

一世帯当り平均総所得	約297万円（うち公的年金等約210万円）
世帯人員1人当り	約193万円（平均世帯人員1.54人）

④ 要介護者等

要介護認定者	2007年	2014年	2025年	
	459万人	640万人	815万人	
認知症者	2002年	2015年	2025年	2040年
	149万人	250万人	323万人	385万人
寝たきり高齢者	2025年			
	230万人			

2　介護福祉施設・高齢者向け住宅等の状況（人口問題研究所、社会保障国民会議報告書資料等）

(1)　介護施設・高齢者住宅の見通し

	2007年	2025年
高齢者数	2,745万人	3,635万人
要介護認定者	459万人	815万人
施設・高齢者向け住宅等計	114万人	218万人
高齢者向け住宅（注1）	16万人	37万〜73万人
介護保険3施設・グループホーム計 　（うち介護療養病床）（注2）	98万人 （12万人）	181万〜145万人 （0）

(注1)　高齢者向け住宅とは、有料老人ホーム・サービス付き高齢者向け住宅等です。2010年10月より高齢者専用賃貸住宅等は廃止され、サービス付き高齢者向け住宅として新制度が始まりましたので、2007年の数値は高齢者専用賃貸住宅等の数字です。
(注2)　介護療養病床は、厚生労働省の方針どおり全廃としました。

　2025年には施設・高齢者向け住宅の入所者を218万人と推定して、介護保険施設・グループホームの整備で181万人の入所を計画しており、その残りの37万人が高齢者向け住宅で吸収されることになります。しかし、国・自治

体の財政事情から公の関与をできるだけ減らし、規制緩和で民間活力の導入に頼ることを想定して、181万人の目標に対して実現率を80％の145万人と仮定すると、高齢者向け住宅は73万人が必要になります。

(2) 欧米との比較

欧米との比較では、介護保険3施設やグループホーム等の施設系は遜色ない整備状況にありますが、住宅系は大きく不足しており、高齢者に対する割合でみると、英国8.0％、米国2.2％、日本0.9％という状況にあり、「国土交通省成長戦略」では2020年までに3〜5％に引き上げることを目指しています。

3 マーケットの動向

(1) 要介護者等の増加

団塊の世代の高齢化時期を迎え、寿命もまだ延びる傾向にあることから高齢者は今後ますます増加していきます。それに伴い要介護者、認知症者、寝たきり高齢者も増加していくことは確実です。

(2) 家族による介護の限界

一方では、核家族化や過疎化の進展で、「高齢単身・夫婦世帯」は2020年に1,245万世帯と推定されており、この世帯では自立が困難となったときに、在宅での同居家族による支援や介護は見込めませんし、単身世帯では安否確認さえも十分に行うことができません。家族が同居して世話・介護をするにしても、介護や認知状態が重くなればそれにも限界がきます。

(3) 介護福祉施設・高齢者向け住宅の需要

 以上のような点から、要介護等の状態になるとか、要介護等の状態まで至らないものの独居、あるいは老夫婦で生活させておくのは不安・危険ということで、いずれは介護福祉施設や高齢者向け住宅を利用する可能性が高くなります。このとき経済的負担が比較的少なく終の棲家たる特別養護老人ホームに対するニーズは非常に強いのですが、現在、入所待機者は34万人といわれていて大幅に不足をしています。しかし、国や自治体の政策は、特別養護老人ホームの総量規制、療養病床の廃止など、民間住宅系への誘導を目指していますので、有料老人ホームやサービス付き高齢者向け住宅のマーケットの拡大が見込めます。

V 介護福祉等施設事業の融資対象と共通課題

1 金融機関融資の主な対象事業

(1) 訪問系介護サービス事業（介護保険法の指定居宅サービス事業）

　介護事業という点では訪問系の介護サービス事業者も融資対象として考えられますが、訪問系介護は利用者の自宅で行われる人的サービス業務であるという特性から、事業所は小規模の賃借物件で足りるので設備投資の必要はありません。その他は車両・備品等の購入資金ですが、自己資金あるいは少額の借入金でまかなえます。また、運転資金も開業資金が発生する程度で、在庫・仕入資金が不要なこと、介護報酬は一定サイクルで確実に回収できることから経常運転資金も発生しません。

(2) 通所系介護サービス事業

　デイサービス、デイケアサービス、ショートステイの介護サービスは施設で提供されますが、その施設は介護福祉施設、グループホーム、有料老人ホーム等に併設されている場合が多く、介護福祉施設・高齢者向け住宅事業等と一体化しています。デイサービスは単独事業としても運営されますが、施設は通常、賃借物件が主で、その改装や内部設備の資金等が発生する場合があります。改装を事業主が行う場合と物件所有者が行う場合とで融資対象先は違ってきます。運転資金については、訪問介護系サービス事業と同じです。

(3) 介護保険施設・高齢者向け住宅・グループホーム事業

介護保険施設および高齢者向け住宅とは、一般的には「高齢者を中心とした介護のための施設・住宅」ということになり、以下のとおりです。

a 介護保険3施設（介護老人保健施設、特別養護老人ホーム、介護療養型医療施設）

これらのうち介護老人保健施設と特別養護老人ホームが融資対象ですが、福祉医療機構の融資制度が設けられており、通常、金融機関による融資は限定的です。介護療養型医療施設は病院等の病床の一部が介護療養病床に転換されたもので、厚生労働省の方針で廃止される予定です。

b グループホーム

1施設で2ユニット（1ユニット5～9人）までの設置に限定されてからは、単独では採算が厳しいといわれており、大手の事業者が複数施設での事業展開、あるいは介護施設等に併設され一体化して運営される場合が多くなりました。したがって、金融機関の融資対象としても大手事業者や介護施設事業者であり、単独事業者はケースとして少なくなりました。

福祉医療機構の融資制度が設けられていますので、金融機関の融資は限定的または条件次第によります。福祉医療機構の融資は営利法人やNPO法人に関しては代理貸付となりますので、受託金融機関の手続をとることで手数料収益が確保できます。

c 高齢者向け住宅（有料老人ホーム、サービス付き高齢者向け住宅）

営利法人、医療法人等が参入できる事業で、今後の拡大が見込める融資マーケットです。ただ、サービス付き高齢者向け住宅は住宅金融支援機構による100％融資制度（運転資金は対象外）が整備されており、金融機関の融資は条件次第ということになります。一方、有料老人ホームは準公的機関の融資制度がありませんので、事業費の全額が金融機関の融資対象です。

似たような形態の両者が並存している理由は、有料老人ホームは厚生労働省の管轄、サービス付き高齢者向け住宅は国土交通省の管轄だからです。

2　介護サービス事業の共通課題

① 　国・自治体の補助金対象事業は限られていますが、補助金は縮小する傾向にあります。
② 　3年ごとに行われる介護報酬の改定に経営が左右されます。介護報酬が低ければ、収益確保のために住宅費（家賃に相当）等の引上げを行わざるをえず、結果、入所率の低下につながるおそれがあります。
③ 　施設の設置基準や有資格者を含む人員要件等が定められており、独自の運営はできません。
④ 　介護職員の員数の確保の問題があります。労働がきつい割には給与が低いので定着率が悪いことと体力的には中高年より若手に向いていることから、必要人員の確保が懸念されます。
⑤ 　介護保険法で介護サービス事業（居宅サービス、介護福祉施設、高齢者向け住宅等）に位置づけられているものは、すべてに都道府県・市町村の総量規制（計画に基づく適正配置）が働き、事業者の自由裁量で事業化できるわけではありません。
⑥ 　介護サービス事業への新規参入においては、ノウハウの蓄積、介護職員の経験・質、利用者の確保といった条件が整うことが前提であり、「儲かる」といった安易な考えでは成功しません。
⑦ 　社会福祉法人にしか運営が認めらない事業がありますが、社会福祉法人の設立は都道府県知事の認可が必要です。認可の要件のひとつとして、社会福祉法人では土地・施設は自己所有が原則で、土地は寄付されることが前提ですので自由には設立できません。

第3章

高齢者向け住宅事業と介護福祉施設

I 有料老人ホーム

1 有料老人ホームとは

(1) 一般的な施設

　有料老人ホームとは、老人を入居させ、入浴、排せつ、食事の介護、食事の提供、介護等の供与をする事業を行う施設であって、老人福祉施設、認知症対応型老人共同生活援助事業を行う住居その他厚生労働省令で定める施設でないものをいいます（老人福祉法）。食事の提供、介護の提供等のいずれかのサービスを行う施設が対象です。

　有料老人ホームの設置は都道府県知事に法で定める事項を届け出なければなりません。

(2) 地域密着型特定施設（介護付有料老人ホーム）

　高齢者の住み慣れた地域での生活が継続できるように、地域密着型サービスとして地域密着型特定施設（介護付有料老人ホーム・入所定員30人未満）が創設され、従来の大規模な介護付有料老人ホーム（入所定員30人以上）とが並存するようになりました。両者の相違は、

① 入所定員数の点
② 30人以上は都道府県の整備計画で30人未満は市町村の整備計画に基づくという点
③ 30人以上有料老人ホームの届出は都道府県ですが、30人未満は市町村に

認可権があるという点です。

(注) 地域密着型サービスは「第2章 Ⅱ介護サービス事業の概要 7 地域密着型サービス」を参照してください。

2 有料老人ホーム協会とは（老人福祉法規定）

(1) 目　　的

協会（一般社団法人）は、有料老人ホームの入居者の保護を図るとともに、有料老人ホームの健全な発展に資することを目的とし、有料老人ホームの設置者を会員とすることができます。協会として全国有料老人ホーム協会が設立されています。

協会に加入してない者は、有料老人ホーム協会会員という文字を用いることはできません。

(2) 協会の業務

① 法律等遵守させるための、会員に対する指導、勧告、その他の業務です。
② ホーム運営に関し、契約内容の適正化、入所者の保護等に必要な指導・勧告、その他の業務です。
③ 有料老人ホームに関する入居者等からの苦情の申出が協会になされたときは、その解決を図ります。
④ 入居者保護のために入居者基金制度（拠出金はホームが負担）を設け、事業者が倒産等によりサービス提供債務の不履行があった場合に、この賠償の予定額として500万円を入居者に支払います。終身利用方式をとるホームは基金への加入が義務づけられています。

3　施設・設備等の基準

都道府県で有料老人ホーム設置運営指導方針を設けており、指針に適合する施設・設備となるよう指導をしています。

4　開設手続等

(1)　事前相談

手続としてはまず事前相談で、総量規制（計画に基づく適正配置）との調整を諮問します。総量規制を超えたり、設置予定地区が過剰といったりした問題があれば、この段階で計画は凍結されます。事前相談を経て事前協議を行います。

(2)　事前協議

事前協議の段階で、建築基準法の遵守だけではなく、ホームは高齢者が長年にわたり生活する場で一定のサービス水準を確保するために、都道府県の定めた設置基準・運営基準に適合しているか、事業要件として設置計画の内容が精査されます。

設置計画の内容とは設置主体、事業計画（名称、設置場所、規模・構造設備、運営形態、工事・開所計画、事業費・財源、利用料等）、図面、重要事項説明書、有料老人ホーム設置運営指針適合表等です。

(3)　設置届出

開設準備が整った時点で設置届出を提出します。介護付有料老人ホームでは介護サービスを提供するための特定施設としての都道府県知事の指定を受

けます。
　(注)　特定施設については、「第2章　Ⅱ介護サービス事業の概要　5特定施設サービス」を参照してください。

(4) 地域密着型介護付有料老人ホーム

　地域密着型介護付有料老人ホームについては市町村が権限を委譲されており、事業者は市町村と開設手続を進めます。

5　類型と概要

　有料老人ホームについては、厚生労働省指針により類型が定められ一定の形式により表示することになっています。

類型	介護付き	・介護や食事等のサービスがついた高齢者向けの居住施設。介護が必要になっても、当該ホームが提供する特定施設入居者生活介護を利用しながらホームの居室で生活を継続することが可能です。 ・特定施設入居者生活介護の指定を受けていないホームは介護付きと表示できません。 ・医師はおらず外部の協力医療機関で受診します。 ・ホームと入居者との自由契約で、入居対象は原則60歳以上の自立者、要支援、要介護者です。
	住宅型	・食事等のサービスがついた高齢者向けの居住施設。介護が必要となった場合は、入居者自身が外部の事業者と契約して訪問介護等のサービス（外付け型）を利用しながらホームの居室での生活を継続することが可能です。 ・特定施設入居者生活介護の指定を受けていない施設です。 ・ホームと入居者との自由契約で、入居対象は原則60歳以上の自立者、要支援者、要介護者です。
	健康型	・食事等のサービスがついた高齢者向けの居住施設で、介護が必要となった場合には、契約を解消し退去しなければなりません。

居住権形態	利用権方式	・入居一時金を払うことによって施設で暮らす権利を得ます。以前は終身利用権方式と呼ばれていました。 ・利用権とは施設に居住し、そこの介護サービスを受けたり共用施設を利用したりできる権利です。入居者のみに与えられた権利で、この権利を譲渡や売却や相続することはできません。根拠となる法律がなく、入居者の建物に対する権限は比較的弱いものです。 ・施設の経営者が変わったとき、最悪退去を求められる可能性があります。
	賃貸借方式	・マンションなどと同じです。利用権方式は介護サービスを受ける権利も含んでいますが、このタイプは別契約になります。 ・入居者の権利は保護されますので、経営者が代わっても退居を求められることはありません。 ・夫婦で入居している場合、契約者である夫が死亡しても妻に借家権が相続されますので、そのまま住み続けることができます。一般の賃貸契約ならば借地借家法がありますので法律的には守られています。
	終身建物賃貸借方式	・「高齢者住まい法」の規定に基づき知事が認可する賃貸契約制度のことですが、まだこの方式を取り入れる施設の数は多くありません。 ・賃貸方式の特別なタイプで、入居者が亡くなるまで建物を賃貸借できる契約で、更新料はありません。家賃は終身分を一時金として前払いすることもあります。 ・この方式に相続はなく、夫婦で入居している場合、契約者の夫が亡くなったあとも妻が住み続けられるかは施設によります。
介護職員	1.5：1以上	要介護者3人に対して2人以上の割合で職員が介護にあたります。
	2 ：1以上	要介護者2人に対して1人の割合で職員が介護にあたります。
	2.5：1以上	要介護者5人に対して2人以上の割合で職員が介護にあたります。
	3 ：1以上	要介護者3人に対して1人以上の割合で職員が介護にあたります。

「介護付き」が有料老人ホーム全体の8割以上を占めています。また、介護付有料老人ホームにおいて提供される介護サービス（特定施設入居者生活介護）は、①一般型（包括型）、②外部サービス利用型の2種類ありますが、ほとんどは一般型です。外部利用型サービスのホームは利用者から選択されないこともあります。両者の相違について「第2章　Ⅱ介護サービス事業の概要　5特定施設サービス」(87ページ)を参照してください。

　居住権については、入居一時金を徴収するホームが多いことから利用権方式が主流で、8～9割を占めます。

　介護職員は、特定施設入居者生活介護サービスを提供するために必要な人数であり、
① 「3：1以上」は最低限基準の人数
② 「2.5：1以上」は最低限基準よりさらに手厚い介護体制であるとして、介護保険外に別途費用を徴収できる人数
③ 「2：1以上」は最低基準の1.5倍以上の人数
④ 「1.5：1以上」は最低基準の2倍以上の人数
と詳しく設定されています。

　入居規模はおおむね50～70室程度です。

6　事 業 者

　有料老人ホームの事業を運営する主な事業者は、次のとおりです。
① 　営利法人（いわゆる、株式会社・有限会社等）
② 　医療法人（病院・診療所）
③ 　社会福祉法人等

7　所有・運営形態

(1)　所有・運営一体型

　自己所有地あるいは用地を購入して事業者が施設を建設し、同一事業者が運営する方式です。すべての投資・運営リスクは事業者に集中します。用地購入の場合は初期投資が多額になりますので、数多くのホームを展開するには適していません。しかし、入居者側からは、土地・建物を所有していて経営責任も集中しているので信頼性はあります。ただ、投資資金を入居一時金でまかなうために、一時金が高くなる傾向があります。

　次に、土地を賃借して建物を建設、所有する者と運営者が同一事業者による経営方式もあります。土地取得資金の初期投資は抑えられますが、地代のランニングコストが発生します。地主側は長期安定的な地代収入が確保できる魅力がありますが、事業不振に陥るとか、倒産の事態に至ると地代が入らなくなるどころか、入居者の退去は事実上困難なので、そのまま塩漬け状態になってしまいます。対応方法としては、地主側が建物を買い取り、事業の運営を他の事業者に委託するか、別途の事業者が建物を買取事業の運営を継続するかになります。前者は、事業が再度うまくいかなかった場合は、地主は建物購入資金の回収ができなくなりますし、購入代金を借入金で調達した場合は、大きな債務を背負うことになります。後者では、地代の引下げを要請されるなど賃貸条件が不利になる懸念があります。

(2)　事業分離型（所有と運営の分離）

　土地所有者に建物を建設してもらうとか、所有者の既存建物を改築し転用してもらうとかにより、建物所有者（家主）に一定の保証金を差入れして一括して賃借する方式です。初期投資は抑えられますが、賃借料のランニング

コストが発生します。この方式の場合、事業主体は少ない資金で数多くのホームを展開することができるメリットがあります。

また、家主側は一棟貸しで、長期安定的な家賃収入が確保できる魅力がありますが、事業不振で事業主が撤退した場合に他の用途に転用できる可能性も小さく、倒産の事態に至れば入居者だけ残されるということになります。こうした懸念から家主は、事業化に容易に同意しないことが考えられます。したがって、事業実績が豊富で信用力のある大手の専業者が事業化を図っているケースに多くみられます。

(3) 事業譲渡型

他の事業者から事業譲渡を受けて事業を運営する方式で、一般的にはM&Aの形式になります。

所有運営一体型の事業譲渡は、土地・建物（あるいは建物のみ）を買い取って事業の運営を継続します。事業分離型では、事業の運営のみ譲渡を受けて継続していきます。

8　金融機関の融資対象

(1) 融資先

所有・運営一体型では事業者への融資になり、主たる融資先は営利法人・医療法人です。

a　営利法人

有料老人ホームの運営には相応の経験と実績が必要であり、一般企業が簡単に進出できるものではありません。となると、営利法人ではホームを複数展開している事業者や介護サービス事業者等が主になります。

b 医療法人

　病院等事業で介護サービスには一定の経験があるうえに、入居者が病気になった場合はホーム運営の病院に入院できる機会もあり（病気の内容にもよります）、病状に応じてホームと病院との間を行き来できる安心感が強みです。また、医療法人は介護療養病床の削減を迫られており、その収入の落込み対策として介護付有料老人ホームに前向きに参入してくることも予測されます。

c 社会福祉法人

　社会福祉法人設立に知事の認可が必要であり、また認可条件のひとつとして土地の寄付行為が必要になることから限定的です。

d 地主・家主

　事業分離型では、土地所有者（地主）あるいは建物所有者（家主）への融資です。

(2) 資金ニーズ

① 事業者への建物建設資金および土地取得資金
② 土地所有者（地主）に対する建物建設資金
③ 建物所有者への既存建物の改築等資金
④ 什器備品等の内部設備資金、車両購入資金等
⑤ 運転資金として、開業までの人件費、広告宣伝費、事務費その他経費等
⑥ 介護付有料老人ホーム事業では、介護保険による介護報酬の支払（約2カ月後）が行われるまでの運転資金
⑦ M&A資金として事業譲渡を受けるのに要する資金

9　事業の目利きポイント

(1)　3類型の事業性

a　介護付き

　有料老人ホーム全体の8割以上を占めており、利用者のニーズが3類型のなかで最も高いことから今後の主流になります。介護付きのポイントは、
① 特定施設入居者生活介護サービスが一般型かどうかです（外部サービス利用型の入居ニーズは低い）。
② 介護職員の人数の多いほうが介護サービスも行き届いて安心ですが、その分上乗せ介護費用（注参照）が高くなります。入居者の経済的状況により、費用が高くても介護サービスの充実を選択する階層と費用が安いほうを選択する階層と存在します。上乗せ介護費用が高い・安いといったことでは事業性の判断をしてはなりません。

　　（注）　特定施設の介護職員数は最低基準が定められていますが、この人数では行き届いたサービスがむずかしいため、基準を上回る人数を確保しています。これを上乗せサービスと呼び、上乗せ介護費用とは、基準以上の職員の人件費をまかなう費用です。

b　住宅型

　サービス付き高齢者向け住宅と似たような機能・入居条件であり、利用者は入居一時金の有無、利用料等を比較して選択します。その場合、
① サービス付き高齢者向け住宅では入居一時金がないこと
② サービス付き高齢者向け住宅には補助金・税制支援の優遇措置があり建設・運営コストが有利なので、その分入居費用が低く抑えられること
などから住宅型有料老人ホームは今後、サービス付き高齢者向け住宅に収れんしていくものと思われます。

c 健康型

　介護が必要になった場合、契約を解除して退去しなければならないので、入居ニーズはある程度限定されます。自立していても独居または老夫婦だけでは、高齢化とともに日常生活に不便をきたしたり、急病や災害時等の対応が十分にできなかったりすることから、有料老人ホームで生活サービスを受けながら余生を送ろうという階層もあります。要介護等の状態になると介護サービスが受けられる施設に移らなければならないので、健康型に入居しようという人は経済的基盤が確立している方といえます。リゾートマンション的な豪奢でゆったりしたホームでもそれなりの入居希望者はあります。

(2) 利用料と入居一時金

a 利用料

　料金設定はさまざまな要因により差が出ますので、単なる総費用額をみるのではなく提供される内容・サービスとの関係をみる必要があります。低料金の有料老人ホームは居住環境が劣る、介護サービスが不十分、介護度が重くなると退去を要請されるなどの問題も指摘されており、悪評が立てば入居率に影響しますので、低料金であればよいというわけではありません。

① 利用料の構成

　家賃＋管理費＋水道光熱費＋食費＋上乗せ介護費用＋介護保険サービス利用1割自己負担分＋その他有料サービス（付添い・洗濯・居室清掃等で契約に基づくサービスで横出しサービスと呼ばれる）＋その他実費（排せつ用品、理美容・日用品、教養娯楽等）となっています。

　自立から要介護までの利用者を受け入れている混合型ホームでは、自立の入居者からは上乗せ介護費のかわりに、「生活支援費」「自立サポート費」などの名目で料金を徴収するところもあります。

② 介護付有料老人ホームにおける介護保険サービス利用自己負担分

　一般（包括）型は月額（30日の場合）＝要介護度別日額×30日×1割とな

り、要介護度5の目安として約2万6,000円です。外部サービス利用型では目安として約3万6,000円（月額限度まで利用した場合の1割負担）です。

③ 家賃・管理費

居室の面積、グレード等により、ホームごとに大きく異なります。利用者が入院等で一時的に居室を利用しなくなった場合、その期間中の利用料としては家賃と管理費のみを支払うのが一般的です。

④ 介護費用

介護保険外の介護費用は介護職員の人数等により月額1万円以内程度の差があります。

⑤ 食　費

質・内容により1日当り（3食）数百円（月額数千円）の差があります。

b　入居一時金

大まかにいえば家賃の前払いで、施設と契約を交わす際に発生します。内訳は、協力金・入居申込金・入会金といった居住権と関係のない項目で、基本的には返金が利かない部分と、保証金・前払い分家賃・利用権といった居住権を得るための項目で、償却期間がある部分に区分けされます。入居一時金は通常2～3割入居時に償却され、残りが家賃・上乗せ介護費用に充てられて5～7年ですべて償却されます。

住宅型や健康型では介護よりも老後の生活を楽しむことに重点を置いているため、部屋の面積も広く豪奢な雰囲気で一時金の高額なホームがあります。

一方、介護付きでは介護を主な目的としていますので、一般的には豪奢な雰囲気はあまりなく、一時金も高くありません。最近では、一時金が数十万円、あるいは不要という施設もふえています。

しかし、このような施設は一時金が安い分、家賃が高くなることが多いので、入居期間が長くなれば一時金より高くつくこともありますし、一方では一時金は中途退去になると返還されない場合がありますので、家賃と一時金

のトータルチェックをして、入居ニーズはどの程度かをみることが必要です。

各施設との料金の比較については、「第3章　Ⅸ介護福祉施設・高齢者向け住宅の利用料の比較」を参照してください。

(3) マーケット

入居者は近隣地区とは限らず、総量規制によりホームが不足している周囲の都道府県からの利用は見込めるかどうかです。また、対象エリアにおける、高齢化および要介護者等の状況や高齢単身・夫婦世帯の状況を把握します。

(4) 競合関係

① 競合する有料老人ホームやサービス付き高齢者向け住宅との利用料と介護サービス内容・グレード・環境等の比較を行い、エリアにあった条件設定かどうかを確認します。
② 競合施設の入居率をチェック（満室か、即入居できる状態か）します。
③ 特別養護老人ホーム・介護老人保健施設・グループホーム等の整備状況を調査し、不足していれば有料老人ホーム・サービス付き高齢者向け住宅への入居ニーズは強くなります。

(5) その他定性面

① 入居者の経済状況により入居したくてもできないということになりますので、エリアにおける高齢者世帯の収入、財産の状況が大きなポイントです。高齢者世帯（65歳以上の者のみ）の平均総所得は、全国ベースで一世帯当り約297万円ですが、地域格差もあると思われます。
② ホームの立地条件・環境を確認します。家族の訪問時の交通便や周囲の環境の良しあしも選択のひとつの要因となります。

③ 高齢者の世話や介護には地域差があって、近所の助け合いや介護サービスの利用等により居宅介護をすることが地域の特性であれば、ホーム等の利用度は低くなることが想定されます。
④ 悪質な事業者は事前協議後、都道府県の設置基準や運営方針に違反をするので、事業者の資質に注意します。
⑤ 事業案件の採算性の検証と事業者が他事業を経営している場合には、経営状態の検証を十分に行います。案件に問題がなくても、事業者の財務に問題があれば倒産の事態もありえます。

(6) 地主への融資の留意点

① 融資案件の返済計画の検証も大切ですが、それとあわせて建物を賃貸する相手の事業者の経営状態の検証が欠かせません。事業者の決算書類等が徴求できるよう、地主とともに交渉します。
② 賃貸借契約書の内容について特約条項や中途で事業撤退の場合の保証の問題など、融資リスク回避のために検証することが必要です。このことは地主にとっても必要な検証事項で、自金融機関の顧問弁護士や法律相談等を利用してチェックをします。

(7) 入居率の目利きポイント

① 開業当初から高い入居率を設定してないか、なだらかに入居率がアップしていく計画ですか。
② 退去と入居にはタイムラグが生ずるので、100％近い入居率にはならないのが普通です。
③ 自立者・要支援者・要介護者（介護度区分も含めて）の入居率の割合をどのように設定していますか。
④ 入居率は競合先との諸条件と比較したうえで妥当ですか。
⑤ 入居者の回転率はどのように計画していますか。回転率を高くみて回転

のつどの入居一時金収入を当てにしている計画ではないですか。回転率が低いことは、長期入所者の滞在を意味しており、それだけ要介護者もふえることになるので、介護職員の増員などコストアップ要因を事業計画に反映していますか。

(8) 有料老人ホームとサービス付き高齢者向け住宅との優遇制度の相違

サービス付き高齢者向け住宅には公的補助金、税制優遇措置、準公的融資制度がありますが、有料老人ホームにはこうした優遇制度はいっさいありません。サービス付き高齢者向け住宅は、投資資金が補助金の分少なくてすむ、優遇措置で税金コストが安い、準公的制度で低金利かつ超長期資金が調達できるなどの利点から、採算ラインは有料老人ホームより一般的には低くなります。

10 融資の保全の考え方

① 土地・建物の不動産担保を徴求しても、用途が特殊で転用も限られ、入居者の立ち退きも困難が予想されるため、担保価値は相当低くみるか、添え担保程度にみなければなりません。
② 事業者の倒産等により運営が不能となった場合は、競売による担保処分よりも同業他社へ事業譲渡して運営を継続することが現実的対応です。この場合、事業譲渡価格は相当低くなりますので、金融機関の債権回収は全額見込めなくなります。
③ 保全重視よりも事業の収益性を定量・定性面からしっかり調査し検証したうえで、融資判断をしなければなりません。

11　事業収支シミュレーション

　「土地建物を新規に取得」した場合と「建物を賃借」した場合のモデル事例について、それぞれの初年度〜15年度間の事業収支シミュレーションを行い、着眼ポイントを解説しました。

資料1　介護付有料老人ホーム事業収支シミュレーション(土地建物新規取得のケース)

都市部におけるモデルで、土地建物を新規に取得し運営するケース (一定の条件を仮定してシミュレーション)
入居定員50人
1室当り面積20㎡
入居者の平均介護度は要介護1
入居金10百万円(5年均等償却)
要介護者2.5人:介護職員1人配置
減価償却費は定額法とし、内部設備は耐用年数ごとに定期更新
土地購入1,650㎡×㎡/242千円 ………400百万円 建物建設2,400㎡×㎡/229千円 ………550百万円 設備・什器備品　　　　　　　………60百万円 登記税等　　　　　　　　　　………10百万円 開業人件費・準備費、広告宣伝費等…30百万円 必要資金計　　　　　　　　……1,050百万円
自己資金……………………………20百万円 短期借入金…………………………30百万円　(金利2.0%、初年度入居金にて一括返済) 長期借入金………………………1,000百万円　(金利3.5%、1年据置き後、25年分割返済) 資金調達計………………………1,050百万円

(金額単位:千円)

年度				初年度	2年度	3年度
入居率				50%	60%	70%
入居人員(人)				25	30	35
収入	利用料(月70)	年額	840	21,000	25,200	29,400
	管理費(月40)	年額	480	12,000	14,400	16,800
	介護費(月30)	年額	360	9,000	10,800	12,600
	食費(月60)	年額	720	18,000	21,600	25,200
	要介護1(月180)	年額	2,160	54,000	64,800	75,600
	収入小計			114,000	136,800	159,600
	入居金償却売上…A			50,000	60,000	70,000
	合計			164,000	196,800	229,600
支出	人件費			65,200	71,600	74,800
	その他経費			58,000	18,000	18,000
	給食委託費(食費の80%)			14,400	17,280	20,160
	公租公課			8,000	8,000	8,000
	減価償却費			15,900	15,900	15,900
	金利			36,200	34,300	32,900
	支出計			197,700	165,080	169,760
損益				−33,700	31,720	59,840
税金(税率40%)				0	0	23,144
当期純利益				−33,700	31,720	36,696
返済CF(当期純利益+減価償却費)				−17,800	47,620	52,596
入居金CF(年度入金額B−償却売上A)				200,000	−10,000	−20,000
借入金(開業費等40百万円相当分)				40,000	0	0
返済CF+入居金CF+借入金合計				222,200	37,620	32,596
長短借入金返済額				0	40,000	40,000
返済CF+入居金CFの累計…C				222,200	259,820	292,416
借入金返済累計…D				30,000	70,000	110,000
CF余剰累計(C−D)				192,200	189,820	182,416

(注1) 収入・支出については変動を考慮せず一定。
(注2) 開業費等は初年度に計上。
(注3) 初年度の繰越赤字を控除して2年度以降の税金を計算。

入居金の年度入金額(千円)…B	250,000	50,000	50,000

(注) 各年度の新規入居者数×10百万円で算出、11年度以降は毎年5人ずつ入退居が発生と仮定。

(金額単位:千円)

年度				4年度	5年度	6年度
入居率				76%	80%	86%
入居人員（人）				38	40	43
収入	利用料（月70）	年額	840	31,920	33,600	36,120
	管理費（月40）	年額	480	18,240	19,200	20,640
	介護費（月30）	年額	360	13,680	14,400	15,480
	食費（月60）	年額	720	27,360	28,800	30,960
	要介護1（月180）	年額	2,160	82,080	86,400	92,880
	収入小計			173,280	182,400	196,080
	入居金償却売上…A			76,000	80,000	36,000
	合計			249,280	262,400	232,080
支出	人件費			81,200	94,000	94,000
	その他経費			18,000	18,000	18,000
	給食委託費（食費の80%）			21,888	23,040	24,768
	公租公課			8,000	8,000	8,000
	減価償却費			15,900	15,900	15,900
	金利			31,500	30,100	28,700
	支出計			176,488	189,040	189,368
損益				72,792	73,360	42,712
税金（税率40%）				29,117	29,344	17,085
当期純利益				43,675	44,016	25,627
返済CF（当期純利益＋減価償却費）				59,575	59,916	41,527
入居金CF（年度入金額B－償却売上A）				－46,000	－60,000	－6,000
借入金（開業費等40百万円相当分）				0	0	0
返済CF＋入居金CF＋借入金合計				13,575	－84	35,527
長短借入金返済額				40,000	40,000	40,000
返済CF＋入居金CFの累計…C				305,991	305,907	341,434
借入金返済累計…D				150,000	190,000	230,000
CF余剰累計（C－D）				155,991	115,907	111,434

（注）　収入・支出については変動を考慮せず一定。

入居金の年度入金額（千円）…B	30,000	20,000	30,000

（注）　各年度の新規入居者数×10百万円で算出、11年度以降は毎年5人ずつ入退居が発生と仮定。

(金額単位:千円)

年度				7年度	8年度	9年度
入居率				90%	90%	90%
入居人員（人）				45	45	45
収入	利用料（月70）	年額	840	37,800	37,800	37,800
	管理費（月40）	年額	480	21,600	21,600	21,600
	介護費（月30）	年額	360	16,200	16,200	16,200
	食費（月60）	年額	720	32,400	32,400	32,400
	要介護1（月180）	年額	2,160	97,200	97,200	97,200
	収入小計			205,200	205,200	205,200
	入居金償却売上…A			30,000	20,000	14,000
	合計			235,200	225,200	219,200
支出	人件費			94,000	94,000	94,000
	その他経費			18,000	18,000	18,000
	給食委託費（食費の80%）			25,920	25,920	25,920
	公租公課			8,000	8,000	8,000
	減価償却費			15,900	15,900	15,900
	金利			27,300	25,900	24,500
	支出計			189,120	187,720	186,320
損益				46,080	37,480	32,880
税金（税率40%）				18,432	14,992	13,152
当期純利益				27,648	22,488	19,728
返済CF（当期純利益＋減価償却費）				43,548	38,388	35,628
入居金CF（年度入金額B－償却売上A）				－10,000	－20,000	－14,000
借入金（開業費等40百万円相当分）				0	0	0
返済CF＋入居金CF＋借入金合計				33,548	18,388	21,628
長短借入金返済額				40,000	40,000	40,000
返済CF＋入居金CFの累計…C				374,982	393,370	414,998
借入金返済累計…D				270,000	310,000	350,000
CF余剰累計（C－D）				104,982	83,370	64,998

（注）収入・支出については変動を考慮せず一定。

入居金の年度入金額（千円）…B	20,000	0	0

（注）各年度の新規入居者数×10百万円で算出、11年度以降は毎年5人ずつ入退居が発生と仮定。

(金額単位:千円)

年　度				10年度	11年度	12年度
入居率				90%	90%	90%
入居人員（人）				45	45	45
収入	利用料（月70）	年額	840	37,800	37,800	37,800
	管理費（月40）	年額	480	21,600	21,600	21,600
	介護費（月30）	年額	360	16,200	16,200	16,200
	食費（月60）	年額	720	32,400	32,400	32,400
	要介護1（月180）	年額	2,160	97,200	97,200	97,200
収入小計				205,200	205,200	205,200
	入居金償却売上…A			10,000	14,000	20,000
合計				215,200	219,200	225,200
支出	人件費			94,000	94,000	94,000
	その他経費			18,000	18,000	18,000
	給食委託費（食費の80%）			25,920	25,920	25,920
	公租公課			8,000	8,000	8,000
	減価償却費			15,900	15,900	15,900
	金利			23,100	21,700	20,300
	支出計			184,920	183,520	182,120
損益				30,280	35,680	43,080
税金（税率40%）				12,112	14,272	17,232
当期純利益				18,168	21,408	25,848
返済CF（当期純利益＋減価償却費）				34,068	37,308	41,748
入居金CF（年度入金額B－償却売上A）				－10,000	36,000	30,000
借入金（開業費等40百万円相当分）				0	0	0
返済CF＋入居金CF＋借入金合計				24,068	73,308	71,748
長短借入金返済額				40,000	40,000	40,000
返済CF＋入居金CFの累計…C				439,066	512,374	584,122
借入金返済累計…D				390,000	430,000	470,000
CF余剰累計（C－D）				49,066	82,374	114,122

（注）　収入・支出については変動を考慮せず一定。

入居金の年度入金額（千円）…B	0	50,000	50,000

（注）　各年度の新規入居者数×10百万円で算出、11年度以降は毎年5人ずつ入退居が発生と仮定。

（金額単位：千円）

年　度				13年度	14年度	15年度
入居率				90%	90%	90%
入居人員（人）				45	45	45
収入	利用料（月70）	年額	840	37,800	37,800	37,800
	管理費（月40）	年額	480	21,600	21,600	21,600
	介護費（月30）	年額	360	16,200	16,200	16,200
	食費（月60）	年額	720	32,400	32,400	32,400
	要介護1（月180）	年額	2,160	97,200	97,200	97,200
	収入小計			205,200	205,200	205,200
	入居金償却売上…A			30,000	40,000	50,000
	合計			235,200	245,200	255,200
支出	人件費			94,000	94,000	94,000
	その他経費			18,000	18,000	18,000
	給食委託費（食費の80%）			25,920	25,920	25,920
	公租公課			8,000	8,000	8,000
	減価償却費			15,900	15,900	15,900
	金利			18,900	17,500	16,100
	支出計			180,720	179,320	177,920
損益				54,480	65,880	77,280
税金（税率40%）				21,792	26,352	30,912
当期純利益				32,688	39,528	46,368
返済CF（当期純利益+減価償却費）				48,588	55,428	62,268
入居金CF（年度入金額B－償却売上A）				20,000	10,000	0
借入金（開業費等40百万円相当分）				0	0	0
返済CF＋入居金CF＋借入金合計				68,588	65,428	62,268
長短借入金返済額				40,000	40,000	40,000
返済CF＋入居金CFの累計…C				652,710	718,138	780,406
借入金返済累計…D				510,000	550,000	590,000
CF余剰累計（C－D）				142,710	168,138	190,406

（注）　収入・支出については変動を考慮せず一定。

入居金の年度入金額（千円）…B	50,000	50,000	50,000

（注）　各年度の新規入居者数×10百万円で算出、11年度以降は毎年5人ずつ入退居が発生と仮定。

[着眼ポイント]

> ①　初年度～5年度にかけての入居率およびピーク入居率とその継続性が収支採算のポイントです。
> ②　入居金に関しては、キャッシュの入金時期とその償却額を売上計上する時期とにタイムラグが発生し、返済CFは単なる利益＋減価償却費とはならないので、入居金のCFを含めてみることが必要です。
> ③　初年度の入居金250百万円の余剰資金は2年度以降の返済CFに充当されるので、留保しておかなければなりません。留保せずに借入金の減額に充当してしまうと、5年度より返済CFに不足をきたすことになります。
> ④　11年度からは一定の入退居の回転による新たな入居金が返済CFを生んでいるので、入居率だけではなく入退居の回転の検証が重要です。
> ⑤　経過年数に伴う修繕・設備更新費の発生、老朽化による家賃・入居金の引下げ等のシミュレーションは困難で、計画の検証には割切りが必要です。

資料2　介護付有料老人ホーム事業収支シミュレーション（建物賃借のケース）

都市部におけるモデルで、土地所有者が建設した建物を賃借し運営するケース（一定の条件を仮定してシミュレーション）
入居定員50人
1室当り面積20㎡
入居者の平均介護度は要介護1
入居金2百万円（入居時償却）
要介護者2.5人：介護職員1人配置
減価償却費は定額法とし、内部設備は耐用年数ごとに定期更新
建物賃借料：月額2千円/㎡×2400㎡＝4,800千円
設備・什器備品　　　………… 60百万円 開業人件費・準備費、広告宣伝費等… 30百万円 保証金（賃借料10カ月分）……… 48百万円 　＊保証金は初年度より10年間で償却
必要資金計　　………… 138百万円
自己資金　……………… 18百万円 長期借入金……………120百万円　　（金利3.5％、1年据置き後、25年分割返済）
資金調達計………………138百万円

(金額単位：千円)

年度				初年度	2年度	3年度
	入居率			50%	60%	70%
	入居人員（人）			25	30	35
収入	利用料（月110）	年額	1,320	33,000	39,600	46,200
	管理費（月40）	年額	420	10,500	12,600	14,700
	介護費（月30）	年額	360	9,000	10,800	12,600
	食費（月60）	年額	720	18,000	21,600	25,200
	要介護1（月180）	年額	2,160	54,000	64,800	75,600
	収入小計			124,500	149,400	174,300
	入居金償却売上			50,000	10,000	10,000
	合計			174,500	159,400	184,300
支出	人件費			65,200	71,600	74,800
	その他経費			45,000	15,000	15,000
	給食委託費（食費の80%）			14,400	17,280	20,160
	減価償却費			4,000	4,000	4,000
	賃借料（月4,800）			57,600	57,600	57,600
	保証金償却			4,800	4,800	4,800
	金利			4,200	4,116	3,948
	支出計			195,200	174,396	180,308
損益				−20,700	−14,996	3,992
税金（税率40%）				0	0	0
当期純利益				−20,700	−14,996	3,992
返済CF（当期純益＋減価償却費）…A				−16,700	−10,996	7,992
保証金償却CF				4,800	4,800	4,800
借入金（開業費等30百万円相当分）				30,000	0	0
返済CF＋保証金償却CF＋借入金合計				18,100	−6,196	12,792
長短借入金返済額				0	4,800	4,800
返済CF＋保証金償却CF＋借入金の累計				18,100	11,904	24,696
借入金返済累計…B				0	4,800	9,600
CF余剰累計（A−B）				18,100	7,104	15,096

（注1） 収入・支出については変動を考慮せず一定。
（注2） 開業費等は初年度に計上。
（注3） 繰越赤字を控除して3年度以降の税金を計算。

入居金の年度入金額（千円）	50,000	10,000	10,000

（注） 各年度の新規入居者数×2百万円で算出、11年度以降は毎年5人ずつ入退居が発生と仮定。

(金額単位:千円)

年度				4年度	5年度	6年度
入居率				76%	80%	86%
入居人員(人)				38	40	43
収入	利用料(月110)	年額	1,320	50,160	52,800	56,760
	管理費(月40)	年額	420	15,960	16,800	18,060
	介護費(月30)	年額	360	13,680	14,400	15,480
	食費(月60)	年額	720	27,360	28,800	30,960
	要介護1(月180)	年額	2,160	82,080	86,400	92,880
	収入小計			189,240	199,200	214,140
	入居金償却売上			6,000	4,000	6,000
	合計			195,240	203,200	220,140
支出	人件費			81,200	94,000	94,000
	その他経費			15,000	15,000	15,000
	給食委託費(食費の80%)			21,888	23,040	24,768
	減価償却費			4,000	4,000	4,000
	賃借料(月4,800)			57,600	57,600	57,600
	保証金償却			4,800	4,800	4,800
	金利			3,780	3,612	3,444
	支出計			188,268	202,052	203,612
損益				6,972	1,148	16,528
税金(税率40%)				0	0	0
当期純利益				6,972	1,148	16,528
返済CF(当期純益+減価償却費)…A				10,972	5,148	20,528
保証金償却CF				4,800	4,800	4,800
借入金(開業費等30百万円相当分)				0	0	0
返済CF+保証金償却CF+借入金合計				15,772	9,948	25,328
長短借入金返済額				4,800	4,800	4,800
返済CF+保証金償却CF+借入金の累計				40,468	50,416	75,744
借入金返済累計…B				14,400	19,200	24,000
CF余剰累計(A-B)				26,068	31,216	51,744

(注) 収入・支出については変動を考慮せず一定。

入居金の年度入金額(千円)	6,000	4,000	6,000

(注) 各年度の新規入居者数×2百万円で算出、11年度以降は毎年5人ずつ入退居が発生と仮定。

(金額単位:千円)

年度				7年度	8年度	9年度
入居率				90%	90%	90%
入居人員（人）				45	45	45
収入	利用料（月110）	年額	1,320	59,400	59,400	59,400
	管理費（月40）	年額	420	18,900	18,900	18,900
	介護費（月30）	年額	360	16,200	16,200	16,200
	食費（月60）	年額	720	32,400	32,400	32,400
	要介護1（月180）	年額	2,160	97,200	97,200	97,200
	収入小計			224,100	224,100	224,100
	入居金償却売上			4,000	0	0
	合計			228,100	224,100	224,100
支出	人件費			94,000	94,000	94,000
	その他経費			15,000	15,000	15,000
	給食委託費（食費の80%）			25,920	25,920	25,920
	減価償却費			4,000	4,000	4,000
	賃借料（月4,800）			57,600	57,600	57,600
	保証金償却			4,800	4,800	4,800
	金利			3,276	3,108	2,940
	支出計			204,596	204,428	204,260
損益				23,504	19,672	19,840
税金（税率40%）				6,579	7,869	7,936
当期純利益				16,925	11,803	11,904
返済CF（当期純益+減価償却費）…A				20,925	15,803	15,904
保証金償却CF				4,800	4,800	4,800
借入金（開業費等30百万円相当分）				0	0	0
返済CF+保証金償却CF+借入金合計				25,725	20,603	20,704
長短借入金返済額				4,800	4,800	4,800
返済CF+保証金償却CF+借入金の累計				101,469	122,072	142,776
借入金返済累計…B				28,800	33,600	38,400
CF余剰累計（A-B）				72,669	88,472	104,376

（注）収入・支出については変動を考慮せず一定。

入居金の年度入金額（千円）	4,000	0	0

（注）各年度の新規入居者数×2百万円で算出、11年度以降は毎年5人ずつ入退居が発生と仮定。

(金額単位:千円)

年度				10年度	11年度	12年度
入居率				90%	90%	90%
入居人員（人）				45	45	45
収入	利用料（月110）	年額	1,320	59,400	59,400	59,400
	管理費（月40）	年額	420	18,900	18,900	18,900
	介護費（月30）	年額	360	16,200	16,200	16,200
	食費（月60）	年額	720	32,400	32,400	32,400
	要介護1（月180）	年額	2,160	97,200	97,200	97,200
収入小計				224,100	224,100	224,100
入居金償却売上				0	10,000	10,000
合計				224,100	234,100	234,100
支出	人件費			94,000	94,000	94,000
	その他経費			15,000	15,000	15,000
	給食委託費（食費の80%）			25,920	25,920	25,920
	減価償却費			4,000	4,000	4,000
	賃借料（月4,800）			57,600	57,600	57,600
	保証金償却			4,800		
	金利			2,772	2,604	2,436
	支出計			204,092	199,124	198,956
損益				20,008	34,976	35,144
税金（税率40%）				8,003	13,990	14,058
当期純利益				12,005	20,986	21,086
返済CF（当期純益＋減価償却費）…A				16,005	24,986	25,086
保証金償却CF				4,800	0	0
借入金（開業費等30百万円相当分）				0	0	0
返済CF＋保証金償却CF＋借入金合計				20,805	24,986	25,086
長短借入金返済額				4,800	4,800	4,800
返済CF＋保証金償却CF＋借入金の累計				163,581	188,566	213,653
借入金返済累計…B				43,200	48,000	52,800
CF余剰累計（A－B）				120,381	140,566	160,853

(注) 収入・支出については変動を考慮せず一定。

入居金の年度入金額（千円）	0	10,000	10,000

(注) 各年度の新規入居者数×2百万円で算出、11年度以降は毎年5人ずつ入退居が発生と仮定。

(金額単位：千円)

年度				13年度	14年度	15年度
入居率				90%	90%	90%
入居人員（人）				45	45	45
収入	利用料（月110）	年額	1,320	59,400	59,400	59,400
	管理費（月40）	年額	420	18,900	18,900	18,900
	介護費（月30）	年額	360	16,200	16,200	16,200
	食費（月60）	年額	720	32,400	32,400	32,400
	要介護1（月180）	年額	2,160	97,200	97,200	97,200
	収入小計			224,100	224,100	224,100
	入居金償却売上			10,000	10,000	10,000
	合計			234,100	234,100	234,100
支出	人件費			94,000	94,000	94,000
	その他経費			15,000	15,000	15,000
	給食委託費（食費の80%）			25,920	25,920	25,920
	減価償却費			4,000	4,000	4,000
	賃借料(月4,800)			57,600	57,600	57,600
	保証金償却					
	金利			2,268	2,100	1,932
	支出計			198,788	198,620	198,452
損益				35,312	35,480	35,648
税金（税率40%）				14,125	14,192	14,259
当期純利益				21,187	21,288	21,389
返済CF（当期純益＋減価償却費）…A				25,187	25,288	25,389
保証金償却CF				0	0	0
借入金（開業費等30百万円相当分）				0	0	0
返済CF＋保証金償却CF＋借入金合計				25,187	25,288	25,389
長短借入金返済額				4,800	4,800	4,800
返済CF＋保証金償却CF＋借入金の累計				238,840	264,128	289,517
借入金返済累計…B				57,600	62,400	67,200
CF余剰累計（A－B）				181,240	201,728	222,317

(注) 収入・支出については変動を考慮せず一定。

入居金の年度入金額（千円）	10,000	10,000	10,000

(注) 各年度の新規入居者数×2百万円で算出、11年度以降は毎年5人ずつ入退居が発生と仮定。

[着眼ポイント]

① 賃借料は土地所有者が建物建設資金の借入金を返済し、かつ土地の運用収益として魅力のある条件が求められます。
② 土地取得資金の必要がないので借入金負担は軽くてすみますが、賃借料が多額なので、入居者の利用料は相応の金額となります。
③ 入居金は礼金や返却を要しない敷金的性格のもので、土地建物新規取得のケースより少額ですみます。入居者にとっては、初期費用が少ないメリットがありますが、その分利用料等が割高となり、入居希望者の負担能力の点に注意が必要です。
④ 入居金は入居年度の償却なので、キャッシュの入金時期とその償却額を売上計上する時期とのタイムラグは起きません。借入金の返済額が少ないこともあり、利益＋減価償却費の返済CFで資金繰りは充足されます。

II サービス付き高齢者向け住宅

1　サービス付き高齢者向け住宅とは

　平成23年度「高齢者の居住の安定確保に関する法律（高齢者住まい法）」が改正され、介護・医療と連携して高齢者を支援する「サービス付き高齢者向け住宅」を確保する制度が創設されました。

　制度創設に伴い、「高齢者円滑入居賃貸住宅（高円賃）」「高齢者専用賃貸住宅（高専賃）」「高齢者向け優良賃貸住宅（高優賃）」の制度は廃止され、サービス付き高齢者向け住宅に一本化されることになりました。これら3住宅は、新制度の基準を満たしてサービス付き高齢者向け住宅の登録をしなければ単なる賃貸物件になります。

2　有料老人ホームとの調整

　有料老人ホームも、
① 　床面積・構造・設備の一定の基準
② 　サービスの提供（少なくとも安否確認・生活相談サービスの提供）
③ 　長期入院を理由に事業者から一方的に解約できないこと
④ 　敷金・家賃・サービス対価以外の金銭を徴収しないこと
⑤ 　前払金に関して入居保護が図られていること
などの登録基準を満たせば、サービス付き高齢者向け住宅の登録が可能です。しかし、有料老人ホームでは、入居一時金として権利金等名目で多額の

前払いを受け取っていることがほとんどで、登録基準においては入居一時金を前払家賃に組み込まなければならないので、抜本的契約の見直しを迫られることなどから基準をクリアするのは相当厳しく、限定的になると思われます。

なお、老人福祉法では、老人を入居させ、入浴、排せつ、食事の介護、食事の提供、介護等の供与をする事業を行う施設は有料老人ホームとして知事への届出が必要となっていますが、その調整規定として登録を受けた「サービス付き高齢者向け住宅」は有料老人ホームの届出が不要です。

3　登録制度

サービス付き高齢者向け住宅とは、登録基準を満たした賃貸住宅で、都道府県知事の登録を受けたものです。

主な登録基準としては、
① 規模・設備等：床面積（原則25平方メートル以上）、各居住部分の設備配置、バリアフリー構造等。
② サービス：最低限、安否確認と生活相談サービスの提供。
③ 契約関係
　　i　権利金その他の金銭を受領しないこと。
　　ii　入居者の入院等を理由として、入居者の同意を得ずに居住部分の変更や契約解除を行わないこと。
　　iii　家賃、サービスの前払金を受領する場合は、前払金の算定の基礎や返還に関するルールの明確化、また家賃の前払金の返済に備えて保全措置を講じること等。

また、都道府県・市町村は総量規制（計画に基づく適正配置）を理由にして、住宅の登録を断る権限が与えられていますので、事業者の自由裁量で事業化できるわけではありません。

4 行政による制度推進施策

　高齢者・要介護者等に対する介護福祉政策の一環として、サービス付き高齢者向け住宅の推進施策が設けられています。

(1) 建築費の補助（登録すれば国の直接補助が受けられます）

a 要　件

① 登録基準（上記「3　登録制度」）を満たしていること。
② その他
　　i　サービス付き高齢者向け住宅として10年以上登録をすること。
　　ii　高齢者居住安定確保計画との整合等を自治体が確認したもの。

b 補助率

住宅部分	新築：建築費の10分の1（上限100万円／戸）
	改修：建築費の3分の1（上限100万円／戸）
高齢者生活支援部分 （介護事業所など）	新築：建築費の10分の1（上限1,000万円／施設）
	改修：建築費の3分の1（上限1,000万円／施設）

c 補助金

　補助金の受給により、その分借入金が減額できます。

(2) 税制の支援措置（補助を受けていること等の要件があります）

① 所得税・法人税：当初5年間、割増償却率を28％とします。
② 固定資産税：当初5年間、税額を3分の1とします。
③ 不動産取得税の減額：家屋と土地につき減額をします。
④ 5年間の減税効果（国土交通省試算による）
　　i　前提条件：30戸（床面積30平方メートル／戸）、敷地面積800平方メート

ル、建築費900万円／戸、土地取得費1億円

ⅱ　優遇措置がある場合は、ない場合に比較して約1,240万円減税効果があります。

5　開設手続等

(1)　事前・相談、協議

手続としてはまず事前相談で、総量規制（計画に基づく適正配置）との調整を諮問し、その後に事前協議を行います。

(2)　申　　請

開設準備が整った時点で、登録の申請を行います。なお、詳しくは「第3章　Ⅰ有料老人ホーム　4開設手続等」（106ページ）を参照してください。

6　住宅の概要

(1)　特　　徴

介護は必要としないものの自分で料理や買い物が面倒・不便という高齢者が、年齢を理由に入居を拒まれることはありません。また、賃貸契約なので一度入居すると重度の病気になっても追い出される心配がありません。

(2)　介護サービス

介護サービスは、特定施設（介護予防特定施設も含む）の指定を受ければ一般型（包括型）の介護サービスが提供されます。また、特定施設の指定を受けずに居宅サービスとして提供する場合は、訪問介護事業所やデイサービス

センターを併設し、周辺地域の高齢者も対象に含めてサービスを提供することとなり、入居者は介護の必要に応じて、個別に事業者と契約してサービスを受けること（いわゆる、外付け型）になります。外付け型でも、介護保険法の改正により24時間対応の訪問看護・介護サービス（定期巡回随時対応サービス）が創設されますので、夜間時の介護サービスが充実します。ただ、外付け型の場合は、介護保険の1カ月上限額を超えるサービスを利用すると超過分は全額自己負担となります。

(3) 入居者の要件

① 単身高齢者として、60歳以上の者または要介護・要支援認定を受けている者が入居できます。

② 高齢者と同居する者も一緒に入居ができます。同居者は、配偶者、60歳以上の親族等、要介護・要支援認定を受けている親族等です。

(4) 入居の契約形態

① 賃貸借方式（長期入院などを理由に一方的に解約できないことの契約が登録要件）

② 利用権方式（この場合は、住宅金融支援機構の融資は受けられません）

③ 終身建物賃貸借方式（知事の認可制度）

　（注）　3方式の内容・相違点については「第3章　I有料老人ホーム　5 類型と概要」（107ページ）を参照してください。

(5) 入居規模

おおむね30〜50室程度が多いです。

7　事業者

サービス付き高齢者向け住宅の事業を運営する主な事業者は、次のとおりです。
① 営利法人（いわゆる、株式会社・有限会社等）
② 医療法人（病院・診療所）
③ 社会福祉法人等

8　住宅の所有・運営形態

① 所有運営一体型
② 事業分離型
③ 事業譲渡型
　（注）　3類型については「第3章　Ⅰ有料老人ホーム　7所有・運営形態」（110ページ）を参照してください。

9　金融機関の融資対象

(1)　融資先

① 所有・運営一体型では事業者への融資になり、主たる融資先は営利法人・医療法人です。
② 事業分離型では、土地所有者（地主）あるいは建物所有者（家主）への融資になります。
③ 社会福祉法人も対象先ですが、法人設立に知事の認可が必要であり、また認可条件のひとつとして土地の寄付行為が必要になることから限定的で

す。
(注)「第3章 Ⅰ有料老人ホーム 8金融機関の融資対象」(111ページ)を参照してください。

(2) 資金ニーズ

① 事業者への建物建設資金および土地取得資金
② 土地所有者(地主)に対する建物建設資金
③ 建物所有者への既存建物の改築等資金
④ 既存の高齢者3住宅(高円賃等)の改修資金
⑤ 什器備品等の内部設備資金、車両購入資金等
⑥ 運転資金として、開業までの人件費、広告宣伝費、事務費その他経費等
⑦ 特定施設の指定を受けたサービス付き高齢者向け住宅事業では、介護保険による介護報酬の支払(約2カ月後)が行われるまでの運転資金
⑧ M&A資金として事業譲渡を受けるに要する資金

(3) 住宅金融支援機構の「サービス付き高齢者向け賃貸住宅融資」制度との関係

a 融資制度の概要

(詳しくは機構のホームページを参照してください)

融資対象者	個人または法人
資金使途	サービス付き高齢者向け賃貸住宅の建設資金(新築・改築・改修等)および土地取得資金(設備、広告宣伝・募集費用等は融資の対象外)
融資額	対象事業費の100%以内
返済期間	35年以内

b 金融機関融資との関係

① 事業費は100%機構の融資対象となっているので、金融機関融資とは競

合関係にあります。機構よりも金融機関の融資条件が優位ならば金融機関の融資を利用しますが、不利ならば機構の融資を利用します。
② 設備資金、広告宣伝費・募集費用等および運転資金は機構融資の対象外ですので、金融機関融資を利用してもらう機会があります。
③ 土地を先行して取得する必要がある場合は、金融機関のつなぎ資金が発生します。機構の融資が実行された段階で返済してもかまいません。

10　事業の目利きポイント

(1)　事業者の資質

「サービス付き高齢者向け住宅」については都道府県による設置基準のチェックや指導・監督と罰則強化が図られています。補助金目当ての不良な事業者は収益向上のため、要介護度の上がった入居者を退去させ住宅の回転率を上げようとするとの問題が指摘されていますので、事業者の資質に注意を要します。退去については事業者から強制することはできませんが、入居者の意思で退去することは自由なので、介護サービスが十分受けられない態様であれば、退去して別な施設へ移らざるをえません。

(2)　入居一時金は不要

一般的には、有料老人ホームのような多額な一時金は不要ですので、入居しやすくなります。入居一時金はありませんが、敷金（おおむね3カ月程度）を預かるところもあります。敷金は退去後、現状復帰費を差し引いた残額が返却されます。

(3)　共通事項

「第3章　Ⅰ有料老人ホーム　9事業の目利きポイント(2)a、(3)〜(8)」(114

ページ〜118ページ参照）に準じます。

(4) 各施設との料金の比較

「第3章　Ⅸ介護福祉施設・高齢者向け住宅の利用料の比較」（185ページ）を参照してください。

11　融資の保全の考え方

「第3章　Ⅰ有料老人ホーム　10融資の保全の考え方」（118ページ）を参照してください。

12　地主の資金ニーズへのアプローチトーク事例

> Qご主人のところは土地もだいぶおもちなので、高齢者向けの住宅に関して何かお話が来ますか。
> ーうん。この前、ある大手の建設会社の人が訪ねてきて、そんな話をしていったけど。
> Qどのような内容でした？
> ー土地を有効活用してもっと収益をあげたらどうですか、というようなことで、有料老人ホームとかサービス付き高齢者向け住宅の件だったな。
> Qまさかご主人のところで、その事業をなさるということではないでしょう？
> ーもちろんだよ。うちがそうした建物を建設して、それを事業する会社に一括して賃貸するか、あるいは事業する会社に土地を賃貸するということだったね。

Q わかりました。それで、ご主人としてはどんなお気持ちなのですか。

－新聞やマスコミ報道で、多少の知識はあったので、どちらかというと関心はある。まったく拒否するということではないよね。

Q 魅力を感じますか。

－そうだね。土地の有効活用といっても、この場所だとショッピングセンターや飲食店向きではないし、かといって賃貸住宅も都市中心に回帰しつつあり安定的な事業とはいえなくなったし、駐車場では固定資産税を賄って、いくらか余剰が出る程度だからな。

Q だとすると、条件によっては検討してみたいとお考えなのですね。

－大手の建設会社の提案だし、借り手側の具体的会社名は出さなかったけれども、この分野では大手ということだから、それなりの信頼感はあるだろうからね。ただ、地主側で建物を建設する場合は、多額な資金が必要だし、失敗したら大変だし、リスクは感じる。

Q 銀行も高齢者向け住宅や介護福祉施設事業はこれから伸びる分野として注目しているんです。私自身も、いろいろ勉強しているところですが、地主さんにとってのいちばん大きな問題は、「建物一括貸し」でも「土地賃貸し」でも、借り手側の事業が順調に推移して、賃料が確実に入るかどうかですよね。借り手側の事業が順調というのは二つの意味があって、ひとつは当該事業が途中で撤退することなく期間終了まで順調であるという意味と、もうひとつは借り手側の経営全体が安定しているかどうかですね。当該事業は順調であっても、他の事業で失敗すると経営が傾き、当該事業も円滑に行われなくなるとにっちもさっちもいかなくなりますから。

－借り手側の経営うんぬんの問題は考えていなかったな。いわれてみれば、確かにそのリスクはあるね。

Q 当行の本部機能や外部の諸機能を使って、よく検討してみたらいかがでしょうか。

―そうだね。すぐにどうのこうのという問題ではないので、時間をかけて考えるか。

Q 正直なところを申し上げると、サービス付き高齢者向け住宅の建設資金に関しては住宅金融支援機構が100％融資する制度がありますので、ご主人は銀行と機構とを比較してより有利な条件を選択をすることができます。有料老人ホームの建設資金には、こうした制度的融資はありませんので銀行で借り入れていただくことになります。

―そういえば建設会社の人もそんなことをいっていたけど、まだ現実的な話ではないからよく聞いていなかったよ。サービス付き高齢者向け住宅と有料老人ホームではどちらの事業のほうがいいのだろう。

Q 地主側の建設コストという面から考えると、サービス付き高齢者向け住宅は国の補助金や税制支援措置があるので、その分有利なところはあるでしょうね。ただ、利用者側からすると、利用料の合計額、入居一時金、日常や軽度の介護サービスの内容、居住性、それから介護が重くなったときの介護サービスの提供とその利用金額など、さまざまな要因で選択をしますので、一概にはどちらが有利・不利ということではないと思います。

―なるほどね。単純な比較はむずかしいんだね。

Q はい。それともうひとつ大切な問題があります。賃貸契約の内容です。最後まで無事にいけば問題は何もありません。でも途中で撤退するとかということになると、建物賃貸の場合は建設資金の借入金はどう保証してくれるのか、土地賃貸の場合は、建物を残されても困るので取り壊して原状復帰させるのか、あるいは地主側で買い取って他の事業者に委託するのかなどといったことに注意が必要です。大手事業者が借り手ということですから、契約もそのへんはしっかりしたものとなっているでしょうけれども。当行のサービス機能に弁護士紹介もありますので、契約内容をチェックしてもらい、アドバイスを受ける

ことが可能です。

−いや、なかなか参考になる話を聞けてよかったよ。これからも相談するからよろしく頼むよ。銀行融資を受けるなら、君のところからにするから。

Q ありがとうございます。こちらこそ今後ともよろしくお願い申し上げます。

III グループホーム
（認知症対応型共同生活介護施設）

1　グループホームとは

　平成9年に痴呆性高齢者を対象としたグループホームを、市町村が社会福祉法人等に委託して実施する場合に補助するものとして事業化されました。平成12年の介護保険制度施行に伴って、認知症対応型共同生活介護として居宅サービスのひとつと位置づけられました。また、老人福祉法による「老人居宅生活支援事業」、社会福祉法による「第二種社会福祉事業」としても位置づけられています。

　そして、平成18年には認知症高齢者等の増加をふまえ、高齢者が要介護状態となっても、住み慣れた地域で生活を継続できるようにとの観点から「地域密着型サービス」が創設され、グループホームもこのサービスに位置づけられことになりました。介護保険の事業者指定は都道府県知事が行っていましたが、地域密着型サービスでは、事業者の指定は市町村長が行えるようになりました。

　認知症という同じ病気を抱える要介護者が少人数単位で、専属のケアスタッフとともに生活する住まいであり、同時にケアを受ける場所です。

2　設置・設備等の基準

　老人福祉法および介護保険法で基準が定められています。そのほかに、市町村の補助金や指針に関する基準を満たす必要があります。

立地条件は住宅地のなかにあること、または住宅地と同程度に家族や地域住民と交流機会が確保される地域であることで、市街化調整区域および工業専用地域に設置することはできません(注)。

　定員は1ユニット当り5～9人で、同一箇所では2ユニットまでの設置しかできません。

　設備・運営・人員等は指定地域密着型サービス等の基準によります。

　(注)　特別養護老人ホーム、介護老人保健施設等に併設するグループホームは、この立地条件は適用されません。

3　開設手続等

(1)　事前相談

　手続としてはまず事前相談で、総量規制（計画に基づく適正配置）との調整を諮問します。グループホームは小規模で施設・人員投資が少なく、比較的開設が容易であることから急増しました。そのため市町村では計画的な整備を進めるために、介護保険事業の計画量を策定し、これを上回るグループホームの開設を抑制しています。

(2)　事前協議

　事前相談を経て、事前協議を行います。開設を希望する事業者も多いことから、市町村の方針に沿った事業者を公募で選定しているところもあります。

(3)　届　　出

　開設には老人福祉法に基づく届出および介護保険制度の介護サービスを行うための「指定居宅サービス事業者」として市町村の指定を受ける必要があ

ります。

　介護保険の指定居宅サービス事業者とならずに独自に運営することもできますが、提供するサービスの水準を確保することが困難となりますので現実的ではありません。

　(注)　「第3章　Ⅰ有料老人ホーム　4開設手続等」(106ページ)を参照してください。

4　グループホームの概要

(1)　特　　徴

　比較的安定した状態にある認知症のお年寄りを対象に、5〜9人の少人数で介護スタッフとともに共同生活する形態をいいます。普通の住宅と同じように台所や食堂、居間や浴室などが整った施設で、家庭的な雰囲気のなか、介護職員とともに、家事や趣味を楽しみながら生活します。グループホームは専用個室が原則です。

(2)　介護サービス

　認知症対応型共同生活介護と呼ばれ、居宅サービスに位置づけられていて、介護サービスは施設職員により包括的に提供されます。

(3)　入居者の要件

① 　要支援2および要介護1〜5の認知症の要介護者が対象です。
② 　認知症に身体障害等が加わるとホームでの介護では対応しきれず、10%程度の人は他の施設に移ることを余儀なくされています。

(4) 入居規模

同一箇所／2ユニット・18人が上限です。

5　事業者

グループホームの事業を運営する事業者は法人でなければならず、主な事業者は次のとおりです。
① 営利法人（いわゆる、株式会社・有限会社等）
② 医療法人（病院・診療所）
③ 社会福祉法人
④ NPO法人等

6　施設の所有・運営形態

(1) 所有・運営一体型

自己所有地あるいは土地を購入して事業者が施設を新設し、同一事業者が単独に運営する方式です。すべての投資・運営リスクは事業者に集中します。土地購入の場合は初期投資が多額になり、複数のグループホームを展開するには適していませんし、事業採算性も厳しくなります。

次に、土地を賃借して事業者が施設を建設し、同一事業者が運営する方式もあります。土地取得資金の初期投資は抑えられますが、地代のランニングコストが発生します。通常は、借地ではなく土地所有者に施設を建設してもらうなどして賃借するのが一般的です。

また、単独施設としてではなく、介護老人保健施設・特別養護老人ホーム・小規模多機能型ホーム・介護付有料老人ホーム・サービス付き高齢者向

け住宅等に併設して、これらの施設とグループホームを一体して運営する方式もあります。グループホームが同一箇所で2ユニットまでの設置に限定されてからは、併設型がふえています。市町村では、小規模多機能型ホームとの併設を優先配備の対象としているところもあります。

(2) 事業分離型（所有と運営の分離）

　施設を賃借し事業を運営する方式です。賃借する施設としては、①改修した社員寮・戸建住宅等、②ビルの一角やマンショのワンフロア、③土地所有者が新設した建物等があります。

　建物所有者（家主）に一定の保証金を差入れして一括して賃借する方式なので、初期投資は抑えられますが、賃借料のランニングコストが発生します。この方式の場合、事業主体は少ない資金で数多くのホームを設置・運営することができるメリットがあり、大手の事業者が積極的に事業展開を図っています。

　大手事業者が賃借する場合には比較的事業が安定しているので、家主側は一棟貸しで長期安定的な家賃収入が確保できる魅力があります。

(3) 事業譲渡型

① 他の事業者から事業譲渡を受けて事業を運営する方式です。
② 諸事情により既設のグループホーム事業から撤退するには、入所者の問題を解決しなければなりませんので、この場合は大手事業者等に事業譲渡をすることになります。

7　金融機関の融資対象

(1)　融資先

a　所有・運営一体型

事業者への融資になり、主たる融資先は営利法人・医療法人です。

① 営利法人

　グループホームの運営には相応の経験と実績が必要であり、一般企業が簡単に進出できるものではありません。となると、営利法人ではホームを複数展開している事業者や介護サービス事業者等に限られます。

② 医療法人

　病院等事業で介護サービスには一定の経験があるうえに、入居者が病気になった場合はホームを運営する病院に入院できる利点もあります。グループホーム単独型もありますが、介護老人保健施設・介護付有料老人ホーム・サービス付き高齢者向け住宅等の併設型も多くみられます。

③ 社会福祉法人

　社会福祉法人設立に知事の認可が必要であり、また認可条件のひとつとして土地の寄付行為が必要になることから限定的です。特別養護老人ホーム等の併設型が主となります。

b　事業分離型

土地所有者（地主）、あるいは建物所有者（家主）への融資になります。

(2)　資金ニーズ

① 事業者への建物建設資金および土地取得資金
② 土地所有者（地主）に対する建物建設資金
③ 建物所有者への既存建物の改築等資金

④ 什器備品等の内部設備資金、車両購入資金等
⑤ 運転資金として、開業までの人件費、広告宣伝費、事務費その他経費等
⑥ 介護保険による介護報酬の支払(約2カ月後)が行われるまでの運転資金
⑦ 事業譲渡を受けるのに要する資金

(3) 整備費補助金

　グループホームについては、国の予算の範囲内で市町村に対して交付金が交付され、それに基づいて市町村が補助金額を決定します。国の交付金が財源なので、補助金の対象数、補助金額は限られます。市町村により補助金額は異なりますし、グループホームの整備が必要のない市町村では補助を行わない場合もあります。補助金は事業主が新設する場合のみが対象で、賃貸物件は対象にはなりません。また、補助金を受給する場合は、その分借入金が減額できます。

(4) 福祉医療機構の福祉貸付事業融資との関係

a　融資制度（直接貸付）の概要

（詳しくは機構のホームページを参照してください。）

融資対象者	事業者
資金使途	グループホーム建築（新築・改築・改修等）資金、設備備品資金、および土地取得資金（土地取得資金は創設法人では利用できません）
融資額	〔機構の定める基準費の合計と実際事業費の合計とを比較して金額の低いほう－公的補助金〕×融資率（75％）
返済期間	建築資金20年以内、設備備品資金15年以内、土地取得資金20年以内

(注1)　営利法人・NPO法人は350百万円以下の場合は代理貸付（融資率は70％）、350百万円を超える場合は直接貸付の取扱いです。
(注2)　補助金対象事業として採択された事業が融資の対象となります。

b　金融機関融資との関係

① 機構の融資率は事業費の直接貸付：75％、代理貸付：70％なので、不足分の補完資金の融資をすることができます。
② 機構よりも金融機関の融資条件が優位ならば、金融機関の融資を利用することも可能です。
③ 開業までの人件費、広告宣伝費、事務費その他経費等、あるいは介護保険による介護報酬の支払（約2カ月後）が行われるまでの運転資金は機構融資の対象外です。運転資金が必要な場合は金融機関の融資を利用することになります。
④ 土地を先行して取得する必要がある場合は、金融機関のつなぎ資金が発生します。
　機構の土地取得資金は、土地が取得ずみであっても、借入申込年度の前年度4月1日以降に取得したものであれば対象となります。

8　事業の目利きポイント

(1)　利用料と入居一時金

a　利　用　料

① 収入が少ない人でも入居が可能となるよう、入居にかかる費用（入居一時金）や利用料（家賃等）は低額とするよう市町村の指針があります。この方針に沿わないと、「指定居宅サービス事業者」の指定が受けられずに事業化は困難です。
② 利用料の構成は、家賃＋食費＋共同生活費＋介護保険サービス利用1割自己負担分＋その他実費（排せつ用品、理美容・介護用品、嗜好品等）です。
③ 介護保険サービス利用自己負担分は、月額（30日の場合）＝要介護度別日額×30日×1割となり、要介護度5の目安として約2万8,000円です。

④ 都市部と郊外等では賃借料・地代に差があるので、家賃もそれを反映したものとなりますが、市町村の指針もそうしたことに配慮したものとなっています。
⑤ 利用者が入院等で一時的に居室を利用しなくなった場合、その期間中の利用料として家賃と管理費を支払うのが一般的です。

b　入居金・保証金

大まかにいえば家賃の前払いで、ホームと契約を交わす際に発生します。利用料と同様に入居金等も低額とするよう市町村の指針がありますので、数十万程度です。ホームによっては不要のところもあります。

入居金等は通常2～3割入居時に償却され、残りが家賃・上乗せ介護費用に充てられて3年程度で償却されます。

c　各施設との料金の比較

「第3章　Ⅸ介護福祉施設・高齢者向け住宅の利用料の比較」(186ページ)を参照してください。

(2)　マーケット

① 入居者は、原則、グループホームが設置されている市町村の住民が優先されます。
② 対象エリアにおける認知症高齢者の状況や高齢単身・夫婦世帯の状況を把握します。

(3)　競合関係

① 施設数が不足しているので、グループホーム間の競合はほぼありません。
② 競合する他の施設の利用料と比較すると、特別養護老人ホームを除いてはグループホームが低位にあり、入居ニーズは高くなっています。
③ 他のグループホームの入居率をチェック（満室か、即入居できる状態か）

します。

(4) その他定性面

① 入居者の経済状況によっては入居したくてもできないということになりますので、エリアにおける高齢者世帯の収入、財産の状況が大きなポイントです。高齢者世帯（65歳以上の者のみ）の平均総所得は、全国ベースで一世帯当り約297万円ですが、地域格差もあると思われます。

② ホームの立地条件・環境を確認します。家族の訪問時の交通便や周囲の環境の良しあしも選択のひとつの要因となります。

③ 高齢者の世話や介護には地域差があって、近所の助け合いや介護サービスの利用等により在宅介護をすることが地域の特性であれば、ホーム等の利用度は低くなることが想定されます。

④ グループホームは2ユニットの小規模になってからは、複数のホームの運営や併設型による運営の事業者が主になっていますので、事業者の経営状態をよく検証することが重要です。

(5) 地主への融資の留意点

① 融資案件の返済計画の検証も大切ですが、それとあわせて建物を賃貸する事業者の経営状態の検証が欠かせません。事業者の決算書類等が徴求できるよう、地主とともに交渉します。

② 賃貸借契約書の内容について特約条項や中途で事業撤退の場合の保証の問題など、融資リスク回避のために検証することが必要です。このことは地主にとっても必要な検証事項で、自金融機関の顧問弁護士や法律相談等を利用してチェックをします。

(6) 入居率の目利きポイント

① 開業当初から高い入居率を設定してないか、なだらかに入居率がアップ

していく計画ですか。
② 退去と入居にはタイムラグが生ずるので、100％近い入居率にはならないのが普通です。
③ 要支援2・要介護1～5の入居率の割合をどのように設定していますか。
④ 入居者の回転率はどのように計画していますか。回転率が低いことは、長期入居者の滞在を意味しており、それだけ要介護度もあがりますので、介護職員の増員などコストアップ要因を事業計画に反映していますか。

9　融資の保全の考え方

「第3章　Ⅰ有料老人ホーム　10融資の保全の考え方」（118ページ）を参照してください。

Ⅳ 介護保険3施設の比較

介護老人保健施設、特別養護老人ホーム、介護療養型医療施設の説明の前に3施設の比較を表にしてみました。

	介護老人保健施設	特別養護老人ホーム	介護療養型医療施設
根拠	介護保険法に基づく開設許可	老人福祉法に基づき認可された特別養護老人ホームを指定	医療法に基づき許可された病院または診療所の療養病床等を指定
医療	施設療養上必要な医療の提供は介護保険で給付	すべて医療保険で給付	施設療養に際する日常的な医療の提供は介護保険で給付
利用対象者	病状安定期にあり、入院治療を要しないが、リハビリテーション・看護・介護が必要な要介護1以上の者	常時看護が必要で在宅生活が困難な要介護1以上の者	カテーテルを装着している等の常時医療管理が必要で、病状が安定期にある要介護1以上の者
設備等の指定基準	・療養室、診察室 ・機能訓練室、談話室 ・食堂、浴室等	・居室、医務室 ・機能訓練室 ・食堂、浴室等	・病室 ・機能訓練室、談話室 ・浴室、食堂等
人員基準（定員100人当り）	・医師（常勤）　1人 ・看護職員　9人 ・介護職員　25人 ・その他	・医師（非常勤可）1人 ・看護職員　3人 ・介護職員　31人 ・その他	・医師　3人 ・看護職員　17人 ・介護職員　17人 ・その他

Ⅴ 介護老人保健施設（従来型老健）

1　介護老人保健施設とは

　老健ともいわれ、入所者の自宅復帰の目標に向かい、医師による医学的管理を基準にした看護・介護、リハビリテーション・栄養管理・食事・入浴の日常サービスを提供し、夜間も安心できる施設です。昭和63年に老人保健法のもとで本格的に実施された施設で、平成12年に介護保険法施行により同法のもとで運営されることになりました。

　特別養護老人ホームに比べ、看護師の配置も多く、医師が常駐しています。介護老人保健施設は医療施設と福祉施設の中間的な性格をもった施設ともいえます。

　サービスは、リハビリを中心とする医療ケアと介護を主なサービスとしています。看護、医学的管理のもとでの介護、機能訓練などの必要な医療、日常生活の世話をします。

2　設置・設備等の基準

「第3章　Ⅳ介護保険3施設の比較」（155ページ）を参照してください。

3　開設手続等

(1) 事前協議

開設目的・理由を明確にして申請書の青写真や資金計画を準備し、都道府県・市町村と事前協議を行います。開設許可にあたっては、市町村介護保険事業計画との調整を図る見地から関係市町村の意見を聴取しなければなりません。

(2) 開設準備

事前協議を経て、おおむね申請書に準ずる事業計画を作成し、都道府県と協議に入ります。この時点で都道府県知事の開設許可の内示があります。

(3) 申　　請

開設準備が整ったら正式に申請を行い、知事の許可がおります。

営利を目的として開設しようとする者は許可を受けられません。また、申請する施設の所在区域において、介護老人保健施設入所定員の総数が都道府県の定める計画を超えるときは、許可をしないことができます。許可の時に、当該施設で行われる介護にかかる居宅サービスの指定があったものとみなします。

4　施設の概要

(1)　特　徴

a　入所者

　入院するほどではないが病状が安定、寝たきり、認知、病弱等の理由で、医学的管理やリハビリテーション、看護、介護を提供する必要のある者が入所あるいは通所する施設です。リハビリテーションは理学療法士や作業療法士らにより自立機能向上を目的として行われます。

　リハビリテーションの対象外の者は入所できません。また、現状のリハビリテーションを継続できない場合には退所せざるをえません。

b　入所期間

　入所期間は一定期間ごと（おおむね3カ月）に自宅復帰が可能かどうかの入退所判定が行われ、可能なら帰宅ということになります。入所期間は6カ月程度でいったん退所することになり、空白を置いて再入所することになります。空白の期間は別の介護老人保健施設に入所するケースが多いです。いわゆる「老健の渡り歩き」という現象が起きます。

(2)　介護・看護サービス

　施設内において、施設職員により包括的な介護・看護サービスが提供されます。

(3)　入居者の要件

①　入居者は要介護1～5の認定を受けた65歳以上の高齢者で、病状がほぼ安定し入院治療の必要はないものの、リハビリテーションを必要とする人が対象です。

② 併設のショートステイでは、要支援1・2の人が介護予防短期入所療養介護のサービスを受けます。

(4) 入所定員規模

平均約90人程度です。

5 事業者

介護老人保健施設の事業を運営する主な事業者は次のとおりで、医療法人が70％以上を占めています。営利法人は認められていません。
① 医療法人
② 社会福祉法人等

6 施設の所有・運営形態

(1) 所有・運営一体型

自己所有地あるいは土地を購入して事業者が施設を新設し、同一事業者が運営する方式です。すべての投資・運営リスクは事業者に集中します。土地購入の場合は初期投資が多額になります。自己所有地とは病院等の敷地で、この空きスペースを利用して新設する場合が多く、土地購入の場合は、施設は独立型として新設されます。

次に、病院等を改修して介護老人保健施設を併設し、同一事業者が運営するケースもあります。

また、土地を賃借して建物を建設、所有する者と運営者が同一事業者による経営方式もあります。土地取得資金の初期投資は抑えられますが、地代のランニングコストが発生します。地主側は長期安定的な地代収入が確保でき

る魅力がありますが、事業不振に陥るとか、倒産の事態に至ると地代が入らなくなるどころか、入居者の退去は事実上困難なので、そのまま塩漬け状態になってしまいます。

　対応方法としては、地主側が建物を買い取って、事業の運営を他の事業者に委託するか、別途の事業者が建物を買い取って事業の運営を継続するかになります。前者は事業が再度うまくいかなかった場合は、地主は建物購入資金の回収ができなくなりますし、購入代金を借入金で調達した場合は、大きな債務を背負うことになります。後者では地代の引下げを要請されるなど賃貸条件が不利になる懸念があります。

(2)　事業分離型（所有と運営の分離）

　土地所有者に建物を建設してもらい、建物所有者（家主）に一定の保証金を差入れして一括して賃借する方式です。初期投資は抑えられますが、賃借料のランニングコストが発生します。

　家主側は一棟貸しで長期安定的な家賃収入が確保できる魅力がありますが、事業不振で事業主が撤退した場合に他の用途に転用できる可能性も少なく、倒産の事態に至れば入居者だけ残されるということになります。しかし、介護老人保健施設の場合は事業採算性が比較的良好なので、倒産等の懸念はまずありません。

(3)　事業譲渡型

　他の事業者から事業譲渡を受けて事業を運営する方式で、医療法人運営の場合、介護老人保健施設のみの譲渡は考えにくく、病院事業と一体の譲渡ということが想定されます。

(4)　療養病床転換の介護施設（新型老健）

　新型老健とは、厚生労働省が進める「転換老健」政策（療養病床の転換と

削減を図り、受け皿施設への移行)の一環として平成20年にスタートした制度です。療養病床を介護老人保健施設の医療・看護体制と機能を強化した基準を満たす施設に衣替えし、過去1年の新規入所者のうち医療機関経由で入所した人が7割以上との要件を満たせば、医療機能も有した新型老健(介護療養型老人保健施設)として認定します。ただし、新型に移行できるのは療養病床だけで、既存の老健から移ることは認められません。また、新型老健の設置基準は医療施設を多少改修する程度でも対応できるように緩和されていて、施設の転換がしやすくなるように配慮されています。しかし、介護報酬が従来の療養病床より2割低く抑えられているため、病院経営者は新型老健への転換を行わない可能性も高く、今後の見通しは不透明です。

7　金融機関融資の対象

(1)　融資先

① 所有・運営一体型では事業者への融資になり、主たる融資先は医療法人です。
② 社会福祉法人は法人設立に知事の認可が必要であり、また認可条件のひとつとして土地の寄付行為が必要になることから限定的です。
③ 事業分離型では、土地所有者(地主)への融資になります。この場合は、地主は福祉医療機構の融資を利用できません。

(2)　資金ニーズ

① 事業者への建物建設資金および土地取得資金
② 土地所有者(地主)に対する建物建設資金
③ 什器備品等の内部設備資金、車両購入資金等
④ 新型老健では、医療施設の改修資金

⑤ 運転資金として、開業までの人件費、広告宣伝費、事務費その他経費等
⑥ 介護保険による介護報酬の支払（約2カ月後）が行われるまでの運転資金
⑦ 事業譲渡を受けるのに要する資金

(3) 整備費補助金

① 建築に係る補助金は、国庫補助金が廃止されており、都道府県による補助金はまちまちです。
② 補助金は事業者が新設する場合のみが対象で、賃貸物件は対象にはなりません。
③ 補助金を受給する場合は、その分借入金が減額できます。

(4) 福祉医療機構の医療貸付事業融資との関係

a 融資制度（直接貸付）の概要

（詳しくは機構のホームページを参照してください）

融資対象者	医療法人・社会福祉法人等
新築・増改築資金 （敷金・保証金・権利金等含む）	1　限度額　720百万円（条件により加算融資があります） 2　融資額は機構の標準建設費の75％以内 3　返済期間　最長30年
土地取得資金	1　新築資金・増改築資金に伴う場合は、土地取得資金も認められます 2　限度額　300百万円 3　融資額は機構の標準土地取得価格の75％以内 4　返済期間　最長30年
機械購入資金	1　限度額　50百万円 2　購入価格の75％以内 3　返済期間　5年以内
長期運転資金	1　限度額　10百万円 2　所要資金の75％以内

	3　返済期間　3年以内

(注)　補助金がある場合は建設事業費から補助金を差し引いた額と標準建設費の75％の額とのいずれか低い額が融資限度となります。

b　金融機関融資との関係

① 　機構の融資率は事業費の75％なので、不足分の補完資金を融資することができます。
② 　機構よりも金融機関の融資条件が優位ならば、金融機関の融資を利用することも可能です。
③ 　開業までの人件費、広告宣伝費、事務費その他経費等、あるいは介護保険による介護報酬の支払（約2カ月後）が行われるまでの運転資金は、機構融資が不足する場合に、金融機関が不足資金を融資することになります。
④ 　土地を先行して取得する必要がある場合は、金融機関のつなぎ資金が発生します。
　　機構の土地取得資金は、土地が取得ずみであっても、借入申込年度の前年度4月1日以降に取得したものであれば対象となります。

8　事業の目利きポイント

(1)　利用料

① 　利用料の構成
　家賃（居住費）＋食費＋日用品費＋ケア加算＋介護保険サービス利用1割自己負担分＋その他費用（排せつ用品、理美容、教養娯楽費、洗濯サービス等）
② 　家　　賃

多床室（4人・2人室)、ユニット型準個室、従来型個室では異なります。
③　介護保険サービス利用自己負担分

　月額（30日の場合）＝要介護度別日額×30日×1割となり、要介護度5の目安として約3万2,000円です。
④　利用者が入院するような場合

　いったん、退所します。退院後にあらためて入所申込みをします。
⑤　各施設との料金の比較

「第3章　Ⅸ介護福祉施設・高齢者向け住宅の利用料の比較」（185ページ）を参照してください。

(2)　マーケット

① 　入居者は近隣地区とは限らず、総量規制により施設が不足している周囲の都道府県からの利用は見込めるかどうかです。
② 　対象エリアにおける高齢化および要介護者等の状況や高齢単身・夫婦世帯の状況を把握します。

(3)　競合関係

① 　競合する有料老人ホームやサービス付き高齢者向け住宅との利用料と特に介護・看護サービス内容との比較を行い、エリアにあった条件設定かどうかを確認します。
② 　利用料はおおむね有料老人ホーム・サービス付き高齢者向け住宅より低いので、特別養護老人ホームの入所待ち施設として、入居ニーズは高いといえます。ユニット型準個室の場合は家賃が高くなるので、サービス付き高齢者向け住宅と差はわずかになることもあります。
③ 　競合施設の入居率をチェック（満室か、即入居できる状態か）します。
④ 　特別養護老人ホーム・グループホーム等の整備状況を調査します。不足していれば介護老人保健施設への入居率はあがります。

(4) その他定性面

① 入居者の経済状況により入居したくてもできないということになりますので、エリアにおける高齢者世帯の収入、財産の状況が大きなポイントです。高齢者世帯（65歳以上の者のみ）の平均総所得は、全国ベースで一世帯当り約297万円ですが、地域格差もあると思われます。

② 施設の立地条件・環境を確認します。家族の訪問時の交通便や周囲の環境の良しあしも選択のひとつの要因となります。

③ 高齢者の世話や介護には地域差があって、近所の助け合いや介護サービスの利用等により在宅介護をすることが地域の特性であれば、ホーム等の利用度は低くなることが想定されます。

④ 事業案件の採算性の検証と事業者が他事業を経営している場合には、経営状態の検証を十分に行います。案件に問題がなくても、事業者の財務に問題があれば倒産の事態もありえます。

(5) 地主への融資の留意点

① 融資案件の返済計画の検証も大切ですが、それとあわせて建物を賃貸する事業者の経営状態の検証が欠かせません。事業者の決算書類等が徴求できるよう、地主とともに交渉します。

② 賃貸借契約書の内容について特約条項や中途で事業撤退の場合の保証の問題など、融資リスク回避のために検証することが必要です。このことは地主にとっても必要な検証事項で、金融機関の顧問弁護士や法律相談等を利用してチェックをします。

(6) 入居率の目利きポイント

① 開業当初から高い入居率を設定してないか、なだらかに入居率がアップしていく計画ですか。

② 退去と入居にはタイムラグが生ずるので、100％近い入居率にはならないのが普通です。
③ 要介護者（介護度区分も含めて）の入居率の割合をどのように設定していますか。
④ 入居率は競合先との諸条件と比較したうえで妥当ですか。
⑤ 入居者の回転率は3～6カ月程度に計画していますか。
⑥ 多床室・個室の設置割合や特別な室料が妥当ですか。個室が多ければ、部屋数は減少しても室料収入そのものはふえます。しかし、それだけ利用料が高くなるので、入居率が下がる可能性もあります、現に、多床室は入所待ちでも、個室は空いていることもあります。

9　融資の保全の考え方

「第3章　Ⅰ有料老人ホーム　10融資の保全の考え方」（118ページ）を参照してください。

10　定量的分析参考資料

(1) **福祉医療機構**（http://hp.wam.go.jp/）

① 「介護老人保健施設の経営分析参考指標」の概要がホームページで公開されています。
② 「介護老人保健施設参考資料」（有料図書）
　経営状況に関する詳細な経営指標が、形態別に記載されていますので、事業採算を検討するのには適切な資料です。

(2) 経営分析参考指標

 当該指標による老健の経常利益率、平成21年度：9.6%、平成22年度：8.9%となっており、収益性が堅調なことがうかがえます。

図表3-1 介護老人保健施設の経営分析参考指標の概要

区分			平成20年度	平成21年度	平成22年度
施設数			1,546	1,439	1,468
平均入所定員数（人）			96.0	96.4	96.6
平均通所定員数（人）			39.3	39.5	40.3
入所利用率（％）			95.7	95.9	96.1
通所利用率（％）			67.1	68.7	69.3
平均在所日数（日）			95.3	96.0	98.2
1日平均利用者数（人）		入所（施設＋短期）	91.8	92.4	92.9
		通所	26.3	27.2	27.9
入所定員1人当り年間事業収益（千円）			5,216	5,466	5,561
利用者1人1日当り事業収益（円）		入所介護料収益	9,864	10,321	10,424
		室料差額	220	224	221
		入所者利用料	2,153	2,204	2,190
		通所介護料収益	8,969	9,294	9,348
		通所者利用料	1,118	1,136	1,139
収支の状況	収益	総収益構成比（％） 事業収益	97.8	97.7	97.4
		事業外収益	1.6	1.9	2.3
		特別利益	0.6	0.4	0.3
		計	100.00	100.00	100.00
		事業収益構成比（％） 入所介護料収益	66.0	66.1	65.8
		室料差額	1.5	1.4	1.4
		入所者利用料	14.4	14.1	13.8
		通所介護料収益	14.1	14.3	14.6
		通所者利用料	1.8	1.8	1.8
		その他	2.2	2.3	2.6
		計	100.00	100.00	100.00
	費用	事業収益に対する事業費の割合（％） 人件費	53.3	53.2	54.9
		医療材料費	2.6	2.6	2.6
		給食材料費	8.8	8.5	8.4
		経費	20.2	19.0	19.1
		減価償却費	6.2	5.8	5.5
		計	91.2	89.2	90.5
経常収益対支払利息率（％）			2.2	1.9	1.8
事業収益対事業利益率（％）			8.8	10.8	9.5
経常収益対経常利益率（％）			7.0	9.6	8.9

（注） 経営指標の解説は「病院の経営状況（PDFファイル）」を参照してください。
（出典） 福祉医療機構

Ⅵ 特別養護老人ホーム

1 特別養護老人ホームとは

(1) 沿　革

　特養ともいわれ、65歳以上の者であって著しい障害があるため常時の介護を必要とするが、居宅において介護を受けることが困難な者を入所させて養護する施設です。重度の介護を必要とする対象者を専門に介護サービスを行う施設で、入所者の終の棲家ともなっているのが現実です。昭和38年の老人福祉法施行とともに創設され、平成12年の介護保険法により介護福祉施設としても位置づけられました。

　全体の7割は「4人程度の相部屋（多床室）」となっており、低額で入所できるメリットがある半面、プライバシーがないなどの問題が指摘されていました。そこで設置基準が改正され、10人をひとまとまりに介護する「ユニット型」といわれる個室タイプ（従来の特養に対し、「新型特養」と呼ばれる）でなければ、原則として新たな設置ができなくなりました。しかし、新型特養は個室に見合う家賃（居住費）が多床室型に比べて高くつくので、経済的負担が重くなり入所できない者も出て問題となりました。現在は、従来の多床室型とユニット型個室タイプとの混合施設も緩和する方向にあります。

(2) 地域密着型介護老人福祉施設（小規模特別養護老人ホーム）

高齢者の住み慣れた地域での生活が継続できるように、平成18年に地域密着型サービスとして地域密着型介護老人福祉施設（小規模特別養護老人ホーム・入所定員30人未満）が創設され、従来の大規模特別養護老人ホーム（入所定員30人以上）とが並存するようになりました。両者の相違は、①入所定員数の点、②30人以上は都道府県の整備計画、30人未満は市町村の整備計画に基づくという点、③設置認可権限は都道府県ですが、地域密着型は市町村に実質的な認可権がある点です。

(注) 地域密着型サービスは「第2章　Ⅱ介護サービス事業の概要　7地域密着型サービス」（90ページ）を参照してください。

2　設置・設備等の基準

「第3章　Ⅳ介護保険3施設の比較」（155ページ）を参照してください。

3　開設手続等

(1) 事前相談

計画の実現性を見極める必要があることから、都道府県および市町村担当部局の関係機関と並行して相談を進め調整を十分に行わなければなりません。施設の整備については、施設を設置する地元市町村の同意が不可欠です。

(2) 事前協議

相談を経て、事業計画の事前協議を行います。これと並行して社会福祉法

人設立につき都道府県と協議を行います。事前協議が終了すれば、開設準備に入ります。

(3) 認　　可

事業開始前に、特別養護老人ホーム設置認可、介護保険施設の指定、社会福祉法人の設立認可を受けます。

4　施設の概要

(1) 特　　徴

① 身体や精神に著しい障害をもち、介護が必要ですが在宅介護の困難な者が入所できる施設です。
② 入所申込みは自由ですが、待機者が非常に多く数年待ちということも珍しくありません。
③ 入所は申込順ではなく、要介護度、介護者の状況、緊急性の判断などにより施設等が定めた入所基準に基づく介護の優先度順となっており、施設内の入居判定委員会で決められます。
④ 入所期間も特に決められておらず、入所者も80歳以上の高齢者が過半を占める現状もあって、そのまま終の棲家となる入所者も相当数に達しています。

(2) 介護・看護サービス

施設内において、施設職員により包括的な介護および看護サービスが提供されます。

(3) 入居者の要件

入居者は要介護1～5の認定を受けた65歳以上の高齢者です（要支援1・2の者は入所できません）。

(4) 入所定員規模

平均約70人程度です。

5 事業者

特別養護老人ホームの事業を運営する主な事業者は、次のとおりで、社会福祉法人が90％近く占めています。医療法人・営利法人は認められていません。

① 社会福祉法人
② 市町村等

6 施設の所有・運営形態

社会福祉法人の設立においては、土地は基本財産として寄付されるものです。寄付された土地に施設を建築し、社会福祉法人が事業を運営します。そして、すべての投資・運営リスクは事業者に集中しますが、土地取得費用が不要なので、初期投資は建物のみで軽くなります。

施設用地は寄付されることが原則ですが、それが困難な場合に、国・地方公共団体からの貸与地も認められます。また、都市部での用地確保が困難なような場合では、例外的に国・地方公共団体以外の者から土地を借り受けることが認められますが、

① 事業の存続に必要な期間の地上権または賃借権を設定し登記すること

② 賃借料は無料または地域水準に照らして適正な額以下であること

が必要です。

　運営形態としては、貸与地や借地上に事業者が施設を建設し、事業を運営するかたちとなります。

7　金融機関融資の対象

(1)　融　資　先

対象は社会福祉法人です。

(2)　資金ニーズ

① 事業者への建物建設資金
② 什器備品等の内部設備資金、車両購入資金等
③ 運転資金として、開業までの人件費、広告宣伝費、事務費その他経費等
④ 介護保険による介護報酬の支払（約2カ月後）が行われるまでの運転資金
⑤ 事業譲渡を受けるのに要する資金

(3)　整備費補助金

　事業者の建築に係る補助金は、入所定員30人以上の大規模施設には都道府県の助成金があります。地域密着型小規模特別養護老人ホーム（注参照）については、市町村の法制度的補助金と市町村独自の補助金とあわせて適用されます。土地取得資金については、補助金がありません。

　また、補助金を受給する場合は、その分借入金が減額できます。

　　（注）　地域密着型小規模特別養護老人ホームとは、入所定員29人以下の特別養護老人ホームで、市町村長が認可をします（30人以上は都道府県知事の認

可です)。

(4) 福祉医療機構の福祉貸付事業融資との関係

a 融資制度(直接貸付)の概要

(詳しくは機構のホームページを参照してください)

融資対象者	社会福祉法人等
資金使途	建築(新築・改築・改修等)資金、設備備品資金、および土地取得資金(土地取得資金は創設法人では利用できません)
融資額	〔機構の定める基準費の合計と実際事業費の合計とを比較して金額の低いほう-公的補助金〕×融資率(75%)
返済期間	建築資金:最長30年以内、設備備品資金:最長15年以内、土地取得資金:最長20年以内

(注) 補助金対象事業として採択された事業が融資の対象となります。

b 金融機関融資との関係

① 機構の融資率は事業費(建設費)の75%なので、不足分の補完資金を融資することができます。ただ、社会福祉法人の認可にあたっては、土地の寄付以外に相応の自己資金の準備も求められるため、実際に金融機関から借入れするケースは少ないと思われます。

② 機構よりも金融機関の融資条件が優位ならば、金融機関の融資を利用することも可能です。

③ 開業資金(人件費、広告宣伝費、事務費その他経費等)についても、事前に相応の自己資金の準備されていることが社会福祉法人設立の要件ですので、通常、資金の必要はありません。もし不足するような場合は金融機関の融資利用となります。また、介護保険による介護報酬の支払(約2カ月後)が行われるまでの運転資金が発生する場合も金融機関の融資対象となります。

8　事業の目利きポイント

(1)　利　用　料

a　利用料の構成

　家賃（居住費）＋食費＋日用品費＋介護保険サービス利用1割自己負担分＋その他費用（教養娯楽費、理美容代等）です。食費・家賃は入所者の所得状況により、第1段階（最も所得の少ない階層）～第4段階（住民税納付階層）の4段階に区分されていますが、その差額分は介護保険により事業者に補てんされます。介護サービス費は全段階とも同一です。
（段階別の例。食費の場合：第1段階：300円／1日、第4段階：1,380円／1日）

b　介護保険サービス利用自己負担分

　月額（30日の場合）＝要介護度別日額×30日×1割となり、要介護度5の目安として約2万9,000円です。

c　管理費等

　利用者が入院等で一時的に居室を利用しなくなった場合、その期間中の利用料として家賃を支払うのが一般的です。長期の入院となると、退所せざるをえません。

d　各施設との料金の比較

　「第3章　Ⅸ介護福祉施設・高齢者向け住宅の利用料の比較」（186ページ）を参照してください。

(2)　マーケット

　入居者は近隣地区とは限らず、総量規制により施設が不足している周囲の都道府県からの利用も見込めます。そして、対象エリアにおける高齢化および要介護者等の状況や高齢単身・夫婦世帯の状況を把握します。

(3) 競合関係

介護福祉施設のなかでは、利用条件（利用料、介護サービス等）が最も優位にあり、かつ「終の棲家」であることから競合先はありません。さらに、絶対的に新設数が不足状態で、同施設間の競合は皆無です。

(4) その他定性面

① 入居者の経済状況に応じて、家賃・食費の軽減措置が講じられており、低所得者でも入所が可能です。そうはいっても、一定の費用はかかりますので、エリアにおける高齢者世帯の収入、財産の状況がポイントになります。高齢者世帯（65歳以上の者のみ）の平均総所得は、全国ベースで一世帯当り約297万円ですが、地域格差もあると思われます。

② 施設が不足しているので、立地条件・環境等はあまり問題になりません。土地は寄付しなければならないので、どうしても地価の低い場所に設置されがちです。

③ 高齢者の世話や介護には地域差があって、近所の助け合いや介護サービスの利用等により在宅介護をすることが地域の特性であれば、施設の利用度は低くなることが想定されますが、特養は終の棲家としての位置づけから別格です。

④ 事業案件の採算性の検証と事業者が他事業を経営している場合には、経営状態の検証を十分に行います。案件に問題がなくても、事業者の財務に問題があれば倒産の事態もありえます。

⑤ 投資は建物・備品設備であり投資額が少なく、また法人税が非課税であることから採算性は十分確保されます。介護度が高い高齢者が入居していることから、介護にかかる人件費率が高くつくのですが、収支比率は比較的高く返済能力にまず問題はありません。

⑥ 介護報酬は上昇するとは限りませんが、家賃等の利用者負担分を引き上

げることで、今後も経営は安定的と考えられます。

(5) 入居率の目利きポイント

① 従来型・個室ユニット型・一部個室ユニット型とも入所率は96％前後であり、入院による空き部屋の発生、入退所のタイムラグを考えるとほぼ100％です。また、開業後3〜6カ月以内には満床となります。

② ただ、ユニット型個室部分の家賃が8万円（所得状況第4段階）で総費用が約16万円にもなると、経済的に入所できる層が限られます。しかし、広い地域でみれば経済的に問題ない階層も多数いるので、心配する必要はありません。

9 融資の保全の考え方

「第3章 Ⅰ有料老人ホーム 10融資の保全の考え方」（118ページ）を参照してください。

10 定量的分析参考資料

(1) 福祉医療機構 (http://hp.wam.go.jp/)

「特別養護老人ホームの経営分析参考指標」の概要がホームページで公開されています。

(2) 経営分析参考指標

特養の経常収支差額比率は平成22年度で従来型7.2％、ユニット型7.6％、一部ユニット型7.0％となっており、収益性の堅調さがうかがえます。

図表3−2　特別養護老人ホームの経営分析参考指標の概要

区　　分			従来型			個室ユニット型			一部個室ユニット型		
			平成20年度	平成21年度	平成22年度	平成20年度	平成21年度	平成22年度	平成20年度	平成21年度	平成22年度
施設数			2,364	2,112	2,140	725	798	922	408	347	410
平均特養入所定員数（人）			70.5	69.8	70.3	66.2	63.9	63.8	81.1	81.8	81.5
平均短期入所定員数（人）			13.3	13.4	13.5	13.8	13.7	13.9	16.4	16.7	16.8
特養入所利用率（％）			95.7	95.8	95.8	95.6	96.1	96.1	95.6	96.1	95.9
短期入所利用率（％）			85.7	86.2	88.7	76.4	81.8	84.9	87.2	84.6	85.7
1日平均入所者数（人）	特養入所		67.5	66.9	67.4	63.4	61.4	61.4	77.5	78.7	78.2
	短期入所		11.4	11.6	11.9	10.5	11.2	11.8	14.3	14.1	14.4
定員1人当り事業活動収入（千円）			3,728	3,878	3,974	4,253	4,459	4,574	3,855	4,008	4,087
入所者1人／1日当り事業活動収入（円）			10,850	11,270	11,499	12,594	13,031	13,294	11,216	11,660	11,894
入所者10人当り介護職員（人）			3.86	4.00	4.08	5.15	5.37	5.42	4.45	4.63	4.69
収支の状況	収入	総収入構成比（％）　事業活動収入	92.8	92.7	91.0	89.1	90.9	88.6	92.6	93.8	91.8
		事業活動外収入	1.5	1.5	1.4	1.3	1.5	1.2	1.3	1.3	1.3
		特別収入	5.7	5.8	7.6	9.6	7.6	10.2	6.1	4.9	6.9
		事業活動収入構成比（％）　介護保険関係収入	83.9	83.5	82.3	75.0	75.0	73.9	81.5	81.1	80.2
		利用者等利用料収入	15.1	14.8	14.7	24.3	23.8	23.5	17.9	17.7	17.4
		その他の事業収入	1.1	1.7	3.0	0.7	1.2	2.6	0.6	1.2	2.4
	支出	事業活動収入に対する事業活動支出の割合（％）　人件費	60.3	60.2	61.4	56.0	56.5	57.6	59.5	59.8	61.2
		経費	29.4	27.9	27.8	27.7	25.7	25.1	27.7	26.2	25.9
		（直接介護費）	(17.5)	(16.3)	(16.4)	(16.0)	(14.7)	(14.7)	(16.8)	(15.7)	(15.9)
		（うち給食材料費）	(7.1)	(6.9)	(6.8)	(6.3)	(6.0)	(6.0)	(6.8)	(6.6)	(6.6)
		（一般管理費）	(11.9)	(11.6)	(11.3)	(11.6)	(11.0)	(10.4)	(10.9)	(10.5)	(10.0)
		減価償却費	3.5	3.3	3.2	8.0	7.8	7.5	5.4	5.3	5.1
		その他	0.9	1.0	0.9	0.7	0.6	0.7	0.7	0.7	0.8
		計	94.1	92.5	93.3	92.4	90.7	91.0	93.3	92.0	93.0
支払利息率（％）			0.7	0.6	0.5	2.7	2.6	2.4	1.2	1.1	1.0
事業活動収入対経常収支差額比率（％）			6.4	8.1	7.2	6.0	7.7	7.6	6.5	8.1	7.0
従事者1人当り人件費（千円）			3,987	4,010	4,109	3,567	3,604	3,737	3,752	3,791	3,923

（注）　経営指標の解説は「介護老人保健施設の経営状況（PDFファイル）」を参照。
（出典）　福祉医療機構

Ⅶ 介護療養型医療施設

1　介護療養型医療施設とは

　かつて65歳以上の高齢者が一定割合入院する病院は「老人病院」と呼ばれていましたが、介護保険成立後は療養病床に含めて分類されることになりました。この療養病床は「医療保険が適用される医療保険型療養病床（医療療養病床）」と「介護保険が適用される介護療養型医療施設（介護療養病床）」に分けられています。

　療養病床とは、医療法で定められていて、病院・診療所の病床のうち主として長期にわたり療養を必要とする患者を入院させるためのものをいいます。病院・診療所の一角に設けられていることが多く、一見すると病院そのものにみえます。ほとんどが相部屋となっており、ごく普通の一般病院の入院施設といったふうです。病状が安定期にあり、医学的管理のもとで長期間にわたる療養や介護が必要な要介護1以上の人が入所できます。医学的管理と看護のもとで、入所者が自宅等へ復帰できるように、介護はもちろん日常生活の世話やリハビリテーションなどを行い、できる限り自立した生活を営んでいけるように配慮されています。

　療養病床は、平成18年度時点で35万床あり、うち医療保険適用病床23万床、介護保険適用病床12万床となっています。介護療養病床・医療療養病床のどちらに患者が入院するかは病院側の判断によります。

2　介護療養病床の方向性

　社会的入院から生じる給付費の無駄が指摘されたことや医療療養病床と機能が似ていることから、厚生労働省は介護療養病床を平成24年3月末までに廃止する方針を示しました。しかしながら、社会的ニーズや医師会の反発等により紆余曲折があり、計画自体が猶予される見通しとなり先行き不透明となりました。

　また、介護療養病床を退出した高齢者の移る先として、厚生労働省は転換老健政策を進めて、介護老人保健施設（老健）の医療・看護体制と機能を強化した介護療養型老人保健施設（新型老健）の制度を平成20年から新たにスタートさせています。いずれにせよ今後の趨勢としては、介護療養病床がこのまま維持できる見込みは乏しく、新型老健や従来型の介護老人保健施設、さらに介護付有料老人ホーム、サービス付き高齢者向け住宅への転換を進める政策が行われることが予想されます。

3　機能・設置基準等

① 「第3章　Ⅳ介護保険3施設の比較」（155ページ）を参照してください。
② 介護療養病床の入所定員を定めて、介護保険の施設サービス提供の指定を受けます。

4　入所要件等

① 要介護者（介護度1～5）であって、医学的管理を伴う長期療養の必要な者が対象です。要介護者の心身の特性に応じた適切な看護、あるいは認知症である要介護者の心身の特性に応じた適切な看護および介護その他の

必要な医療を行います。
② 施設の月額利用料は、医療の必要性が高いこともあり、特別養護老人ホームや介護老人保健施設に比べると10万円以上高く設定されています。

VIII 社会福祉法人の概要

1 制　度

　社会福祉事業を行うことを目的として、社会福祉法に基づき設立される特別な法人で、設立には知事の認可が必要です。
　社会福祉法人が行うことのできる事業は、社会福祉法に規定されています。老人介護福祉系の事業としては、特別養護老人ホーム、軽費老人ホーム（ケアハウス含む）、デイサービス、居宅介護、短期入所（ショートステイ）等です。
　設立・法人機関・業務・財産・会計・解散等については、法律で特別の規程を設けています。
　また、社会福祉法人の名称は、同法に基づく法人のみ認められます。

2 設　立

　定款の事項は、目的・名称・事業の種類・所在地・会議・基本財産・評議員・解散・定款変更に関する事項等です。都道府県知事の認可のあった日から、2週間以内に設立登記し法人格を取得します。

3 法人機関

(1) 役　　員

① 役員の定員数は理事6人以上、監事2人以上です。
② 理事のなかから理事長を選出します。定款による制限で代表権は理事長のみが原則です。

(2) 評議員会

① 員数は定款で定める理事定数の2倍を超えることを要します。
② 評議員会は、公共性の高い社会福祉法人の運営が民主的かつ適正に行われるようにするため設置します。

(3) 会計年度

4月1日～3月31日です。

(4) 会計書類

事業報告書、財産目録、貸借対照表、収支計算書で、会計年度終了後2ヵ月以内に作成します。

4 資　　産

(1) 基本財産

① 社会福祉事業を行うために直接必要なすべての物件（土地・建物等）について所有権を有していることです。

② 都市部等土地の取得がきわめて困難な地域においては（特別養護老人ホームを経営する社会福祉法人は都市部以外の地域においても）、土地に限り公共団体以外の者から貸与を受けてもさしつかえありません。
③ 基本財産の処分（担保設定、売却）には所轄庁（都道府県）の承認が必要です。

(2) 運用財産

① 事業経営（備品、人件費、光熱水道費等）に必要な財産です。
② 設立当初の運転資金として、年間事業予算の12分の1以上（介護保険上の事業および障害福祉分野における支援対象事業の場合は12分の2以上）の資金の事前準備が必要です。

(3) 基本財産の担保提供

① 理事会の決議を経て、所轄庁の承認が必要となります。
② 収益事業の借入れのための担保提供は不可です。

5　税　　務

　法人税・地方税は課税されませんが、収益事業から生じた所得についてのみは課税対象となります。つまり、消費税は取引課税であり、社会福祉法人であるからといって非課税扱いにはなりません。

IX 介護福祉施設・高齢者向け住宅の利用料の比較

まとめとして、「介護福祉施設」と「高齢者向け住宅」の利用料の比較表を作成しました。営業推進を図るうえで参考にしてください。

図表3-3　介護福祉施設・高齢者向け住宅の利用料比較

1. 同一地域内にある施設・住宅等の比較で、「要介護度は3」の事例。金額は千円単位／月額表示。
2. 介護保険1割負担額の施設間の差は小さいが、居住費・管理費・上乗せ介護費等で相当な相違。
3. 介護付有料老人ホームでは、部屋面積・介護職員比によって、家賃・管理費・上乗せ介護費が違いますので、利用料だけではなく居住性・介護サービスも含めた比較が必要。
4. 介護老人保健施設Hの例は、多床室（4人部屋）・ユニット型準個室・従来型個室の3タイプの部屋があり、多床室に2人部屋、ユニット型準個室に1人部屋を一部に配置し、それに対する差額部屋代を設定。

〈介護付有料老人ホーム〉

	Aホーム	Bホーム	Cホーム（入居時年齢65〜74歳の場合)		
			プラン1	プラン2	プラン3
入居一時金	2,800	3,800	3,800	5,400	0
家賃	75	71	50	10	50
食費	57	58	61	61	61
管理費	35	21	21	11	53
上乗せ介護費	40	—	32	32	32
水道光熱費	10	—	—	—	—
小計	217	150	164	114	196
介護保険1割負担	21	21	21	21	21
合計	238	171	185	135	217
認知症加算費	10	—	—	—	—
部屋面積	18.3m^2	18m^2	11.3m^2		
入居者対介護職員比	2.5：1	3：1	2.5：1		
居住権形態	利用権方式		利用権方式		
介護サービス	包括型		包括型		
入居条件	60歳以上の自立・要介護者等		原則65歳以上の要介護者		

＊排せつ用品・日用品・理美容・教養娯楽・洗濯サービス費等は別途

〈サービス付き高齢者向け住宅〉

	D住宅
敷金	2カ月
家賃	65
食費	55
共益費	20
生活支援サービス	32
小計	172
介護保険1割負担	27
合計	199
部屋面積	18m^2
居住権形態	終身賃借権
介護サービス	居宅サービス型
入居条件	60歳以上の者

＊排せつ用品・日用品・理美容・教養娯楽・洗濯サービス費等別途

〈グループホーム〉

	Eホーム	Fホーム	Gホーム
入居金・保証金	396	120	240
家賃	72	70	65
食費	36	31	45
共同生活費	16	14	15
リネン費	―	―	2
小計	124	115	127
介護保険1割負担	27	27	27
合計	151	142	154

＊排せつ用品・日用品・理美容・教養娯楽費等別途

〈特別養護老人ホーム〉

	M (多床室)	N (ユニット)
居住費	59	10
食費	42	41
日用品費	15	6
小計	116	57
介護保険1割負担	26	26
合計	142	83

＊第4段階者（住民税納付階層）の例
＊理美容・教養娯楽費等別途

〈介護老人保健施設〉

	H施設		
	多床室4人	ユニット型 準個室	従来型個室
居住費	15	59	59
食費	51	51	51
日用品費	8	8	8
ケア加算	6	6	6
小計	80	124	124
介護保険1割負担	28	28	26
合計	108	152	150
差額部屋代	32	47	―
総計	140	199	150

＊排せつ用品・理美容・教養娯楽・洗濯サービ費等別途

《執筆者略歴》

東出　泰雄（とうで　やすお）
東出経営研究所　代表

1969年	慶応義塾大学経済学部卒業、同年4月埼玉銀行入行、浦和白幡、本川越、渋谷副都心、桶川の各支店長歴任
1997年	りそな総合研究所（株）取締役研修部長
2002年	りそなキャピタル（株）常勤監査役
2004年	東出経営研究所設立

金融機関・企業等を中心として講演・執筆活動に従事、現在に至る。
法人新規開拓・融資審査実務・病院事業・高齢者介護施設事業・経営改善実抜計画・実践的財務分析・管理者マネジメント・内部リスク管理・コンプライアンス・顧客保護の説明責任・CS対策等、幅広く指導・研修を行っている。

病院・高齢者向け住宅・介護福祉施設融資ハンドブック
―担当者のための知識とノウハウ―

平成24年8月17日　第1刷発行

著　者　東　出　泰　雄
発行者　冨　川　　　洋
印刷所　三松堂印刷株式会社

〒160-8520　東京都新宿区南元町19
発行所・販売　株式会社　きんざい
編集部　TEL 03(3355)1770　FAX 03(3355)1776
販売受付　TEL 03(3358)2891　FAX 03(3358)0037
URL http://www.kinzai.jp/

・本書の内容の一部あるいは全部を無断で複写・複製・転訳載すること、および磁気または光記録媒体、コンピュータネットワーク上等へ入力することは、法律で認められた場合を除き、著作者および出版社の権利の侵害となります。
・落丁・乱丁本はお取替えいたします。定価はカバーに表示してあります。

ISBN978-4-322-12127-8